ADAC

Israel

und Palästina

von Franziska Knupper

 ADAC Top Tipps

Das müssen Sie gesehen haben!
Die zehn Top Tipps bringen Sie
zu den absoluten Highlights.

 ADAC Empfehlungen

Unterwegs gut beraten: Diese
25 ausgesuchten Empfehlungen
machen Ihren Urlaub perfekt.

Preise für ein DZ mit Frühstück:
€ | bis 190 NIS (50 €)
€€ | bis 460 NIS (120 €)
€€€ | ab 460 NIS (120 €)

Preise für ein Hauptgericht:
€ | bis 75 NIS (20 €)
€€ | bis 150 NIS (40 €)
€€€ | ab 150 NIS (40 €)

■ Intro

■ ADAC Quickfinder

Hier finden Sie die Orte, Sehens-
würdigkeiten und Attraktionen,
die perfekt zu Ihnen passen.

■ Unterwegs

■ **Service**

Israel und Palästina
von A–Z 124

*Alle wichtigen reisepraktischen
Informationen – von der Anreise
über Notrufnummern bis hin zu
den Zollbestimmungen.*

 *Zu diesen Orten und Sehens-
würdigkeiten finden Sie Detailkarten
im Innenteil des Reiseführers.*

Umschlag:

 ADAC Top Tipps: Vordere
Umschlagklappe, innen **1**
ADAC Empfehlungen: Hintere
Umschlagklappe, innen **2**

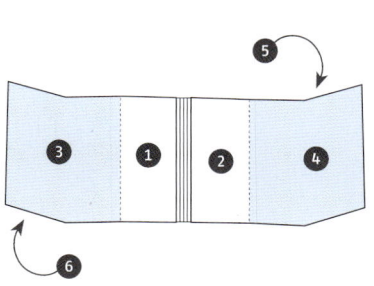

Übersichtskarte Israel Nord:
Vordere Umschlagklappe, innen **3**
Übersichtskarte Israel Süd:
Hintere Umschlagklappe, innen **4**

Stadtplan Tel Aviv: Hintere
Umschlagklappe, außen **5**
Ein Tag in Tel Aviv: Vordere
Umschlagklappe, außen **6**

Dieses Land kann heilig – und noch viel mehr!

Mit Strand und Wüste, Kirchen und Nachtclubs, politischem Zündstoff und bewegter Geschichte präsentiert sich Israel unglaublich vielfältig

Jeden Tag kommen zahlreiche Juden in Jerusalems Altstadt zur Klagemauer, um zu beten

srael hat viele Namen. Das Heilige Land, das Gelobte Land, das Land, wo Milch und Honig fließen. Zion, Kanaan, Palästina. Die meisten Israelis nennen es jedoch einfach Ha'aretz – das Land. Und kaum ein Land weckt so viele Kontroversen und Leidenschaften wie Israel. Drei Weltreligionen, vier Klimazonen, zwei Dutzend Ethnien und unzählige Sprachen prallen hier auf nur gut 22 000 km² aufeinander. Eigentlich ein winziges Fleckchen Erde – etwa halb so groß wie die Schweiz –, regiert Israel doch immer wieder die Schlagzeilen rund um die Welt. Hier lebt man die Extreme aus, und wer länger bleibt, spürt, wie der Puls unmerklich schneller wird. Es wird gesungen und protestiert, gefeiert und patrouilliert. Hedonismus findet neben tiefer Religiosität statt, und gelber Wüstenwind scheint eine tropische Luftfeuchtigkeit nicht auszuschließen. Am Strand von Jaffa werfen sich langhaarige Surfer neben christlichen Pilgern und verschleierten Frauen in die Wellen, an der Grenze zum Libanon bestehen Hippiekommunen neben Militärstützpunkten. Es wird ständig gestikuliert und diskutiert; offenherzig und warm, manchmal ungehalten und

Westjordanland und im Südwesten mit Ägypten und dem Gazastreifen. Die dünn besiedelte Wüste macht dabei fast die Hälfte der Landesfläche aus und wird gen Süden zunehmend trockener, zerbricht in Wadis und Canyons, bis sie schließlich auf die Korallenriffe des Roten Meeres trifft. Der Norden hingegen ist fruchtbar. Dort durchziehen unzählige Bäche das Grün. Störche befinden sich auf der Durchreise in wärmere Gefilde, Kreuzfahrerburgen thronen auf bewaldeten Bergkämmen, und in der Ferne sieht man die oft schneebedeckten Gipfel des Berges Hermon.

Die Maria-Magdalena-Kirche auf Jerusalems Ölberg (unten) – Auf dem Machane-Yehuda-Markt in Jerusalem (ganz unten)

impulsiv, es wird gehupt und geflucht, und Schlange stehen ist ein Fremdwort. Auch sparen und planen und warten ist den meisten Israelis ein Graus. Es zählt nur das Heute, dem nächsten Tag traut man nicht über den Weg.

Die Hälfte des Landes eine Wüste

Der kleine Nahoststaat teilt sich im Norden eine Grenze mit dem Libanon und Syrien, im Osten mit Jordanien und dem

Salz, wohin man blickt: Mineralbildung am Toten Meer (oben) – Hummus, die Nationalspeise der Israelis (Mitte) – Tel Aviv ist ein Hotspot der Surfer (unten)

Jahrhunderte reisen. Stets der Knotenpunkt zahlreicher Handelsstraßen und die Heimat wichtiger Süßwasserquellen wie dem See Genezareth und dem Jordanfluss, stand das heutige Israel im Fokus unzähliger Herrscher und Völker. Die Römer bauten Aquädukte, Christen unternahmen Kreuzzüge und errichteten Festungen, die Osmanen schufen erste Handelsstraßen und hinterließen Moscheen und Paläste.

Hier predigte, lebte und starb Jesus Christus, Mohammed fuhr zum Himmel auf, und Stammesvater Abraham begründete hier alle drei monotheistischen Weltreligionen. Von ihm leitet sich auch der Name des Landes ab: So wurde Abrahams Enkel Jakob nach einem erfolgreichen Kampf mit einem göttlichen Engel in »Israel« umgetauft. Laut der jüdischen Erzählung wurden

Juden, Römer, Christen, Osmanen

Aber in Israel kann man innerhalb eines Tages nicht nur durch mehrere Klimazonen, sondern auch durch viele

Jakobs zwölf Söhne zu den Vorfahren der Israeliten, auch bekannt als die zwölf Stämme Israels oder Kinder Israels. Ihre Nachkommen hatte man nach einer Hungersnot nach Ägypten verschleppt, wo sie vier Generationen lang in Sklaverei lebten, bis Moses, ein Ururenkel Jakobs, sie schließlich ins gelobte Kanaan zurückführte.

Hier lebten die Israeliten laut der Bibel unter König David und König Salomon und bauten zweimal ihren heiligen Tempel, bis sie sich schließlich um 605 v. Chr. in alle Winde und Kontinente verstreuten – ein Prozess, der als jüdische Diaspora bezeichnet wird.

Ewiger Zankapfel

Bis heute ist dieser kleine Fleck Erde im Nahen Osten höchstbegehrt und -umkämpft. Ethnische und religiöse Spannungen gehören zum Alltag, und der Krieg sowie kollektive Traumata sind zwei der Grundsteine, auf denen das

junge Land fußt. Seit seiner modernen Gründung im Jahr 1948 befindet sich Israel in stetigem Konflikt sowohl mit seinen arabischen Nachbarstaaten als auch mit dem Volk der Palästinenser, das ebenfalls Anspruch auf das Land

> *Israel ist das dramatischste Land der Welt. Jeder ist involviert. Jeder streitet. Wann auch immer ich Israel verlasse, langweile ich mich ein bisschen*
>
> *Shimon Peres (1923–2016, ehemaliger Staatspräsident)*

erhebt. Sie lebten in der Region bis 1917 unter der Herrschaft der Osmanen. Der Erste Weltkrieg veränderte jedoch die geopolitische Landschaft im Nahen Osten grundlegend. Großbritannien übernahm die Kontrolle über das heutige Israel und unterstützte die zionistische

Bizarre Formen der Natur im Nationalpark En Avdat mitten in der Negev-Wüste

Bewegung um den aus Wien stammenden Theodor Herzl, der danach strebte, eine jüdische Heimat in Palästina wiederherzustellen. Diese Bewegung erhielt den größten Zulauf während und nach Ende des Zweiten Weltkriegs, als Juden aus ganz Europa vor Holocaust und NS-Herrschaft in Palästina Zuflucht fanden. 1947 stimmten die Vereinten Nationen einem neuen jüdischen Staat in Palästina zu, und 1948 rief David Ben-Gurion als erster Premierminister die Unabhängigkeit Israels aus.

Seitdem ist der Frieden noch nicht in die Region zurückgekehrt. Immer wieder erschüttern Kriege die politische und wirtschaftliche Stabilität aller Beteiligten. Die Vertreibung der Palästinenser aus ihren Heimatdörfern hat zu Flüchtlingscamps geführt, in denen mittlerweile die dritte bis vierte Generation lebt. Die beiden Intifadas brachten seit 1987 immer höhere Trennmauern und eine rigide Sicherheitspolitik mit sich, und für das Schicksal des Gazastreifens ist bislang keine Lösung in Sicht. Je länger man in der Region verweilt, desto komplexer und dichter scheint der unlösbare Knoten zu werden, den man gemeinhin Nahostkonflikt nennt, und desto schwerer wird die Antwort auf die Frage, wem denn nun das Land gehören soll. Man ergeht sich plötzlich nicht mehr in Schwarz-Weiß, sondern in den Grautönen der Realität – und davon gibt es in Israel sehr viele.

Vom Kibbutz zu Hightech

Aufgrund der stetigen Anspannung, die den Alltag unterschwellig durchzieht, passieren viele Dinge in dieser Region oft in rasender Geschwindigkeit.

Sonnenaufgang über der Altstadt von Jaffa, dahinter die Skyline des modernen Tel Aviv

Gerade so, als gäbe es kein Morgen. Die jiddischen Worte wie »macher« oder »kombina« spiegeln bis heute diesen Tatendrang wider. Mit dem arabischen »yallah« spornt man sich gegenseitig rund um die Uhr an. In den 70 Jahren seines Bestehens hat Israel eine rasante Transformation durchlaufen und sich von einer unfruchtbaren Sumpf- und Wüstenlandschaft in eine Hightechnation mit Wolkenkratzersiedlungen, Expresszügen und einer lebhaften Start-up-Kultur verwandelt. Die kollektivistischen Siedlungen der Kibbutzim, die einst die sogenannte »Pionierarbeit« leisteten, sind auf dem Rückzug und wurden ersetzt von einem amerikanisch geprägten Unternehmergeist und einer großen Risikobereitschaft, Neues zu erschaffen und niemals hinterherzuhinken.

Hauptstadt Jerusalem

Sprache Hebräisch, Arabisch ist anerkannte Minderheitensprache.

Währung Neuer Israelischer Schekel (NIS), 1 € = 3,83 NIS

Staatsform Republik

Regierungssystem Parlamentarische Demokratie

Unabhängigkeit 14. Mai 1948

Fläche Kernland 22380 km² (etwa halb so groß wie die Schweiz), Westjordanland 5800 km²

Einwohner Ca. 9 Mio. (inkl. Ost-Jerusalem und dem Golan)

Tourismus etwa 3,5 Mio. Besucher pro Jahr

Religion 75 % sind jüdischen Glaubens, 17 % Muslime

Wichtigste Vokabeln »Yallah« – in jeder Lebenslage einsetzbar

Oft gehörtes Sprichwort »They tried to kill us, they couldn't, let's eat« – Israelis haben einen tiefschwarzen Humor.

Darin sind die Israelis Weltmeister Duzen, Hupen, Landwirtschaft

Das mögen Israelis am liebsten Hummus und nochmal Hummus

Nationalheld Der Sänger und Songwriter Arik Einstein (1939–2013)

Das will ich erleben

Wer durch Israel reist, begegnet an jeder Ecke einer völlig neuen Realität. Auf diesem Fleckchen Erde ballen sich die Religionen, Ethnien und Klimazonen. Die Städte wollen einander kaum ähneln, die kulinarischen Traditionen ebenso wenig. Die Wege sind kurz, die Strände sind lang, die Mauern hoch und der Gesprächsstoff unendlich. Natürlich sind die Konflikte und die große Politik stetige Begleiter – genauso wie relativ hohe Preise, zu viel Kaffee und jeden Tag Sommerhitze. Jeder Fleck ist bunt und voller Überraschungen, neuer Geschmäcker und Gerüche. Lassen Sie sich inspirieren.

Kultur pur

Die heutige Bevölkerung Israels stammt aus unzähligen Ländern und allen Himmelsrichtungen – kein Wunder, dass das Land eine reiche kulturelle Vielfalt aufweist. Das wichtigste Theaterhaus Habima befindet sich in Tel Aviv, und Jerusalem lockt mit unzähligen Museen. Bethlehem erzählt sowohl vom Christentum als auch von der palästinensischen Kultur, und noch immer existieren Künstlerkolonien in Tzfat, Jaffa, Ein Hod und der Arava-Wüste.

Wanderstöcke und Drahtesel

Israelis sind ständig in Bewegung – und bei so vielen Sonnentagen im Jahr natürlich am liebsten draußen in der vielfältigen Natur des Landes. Profitieren Sie vom großen Angebot an Outdoor-Aktivitäten!

Für Familienreisen mit Kindern

Israelis mögen Kinder und haben davon recht viele – ganze 3,1 im Schnitt! Kein Wunder, dass es im ganzen Land keinen Mangel an Freizeitaktivitäten für Familien gibt und die meisten Orte sehr kinderfreundlich sind.

Ein paar Schekel hier und da

Israel ist sehr teuer, keine Frage. Aber mit den richtigen Tipps und Tricks sowie ein bisschen schlauem Feilschen ist für jeden Geldbeutel etwas dabei. Vor allem auf den Märkten kann man bei Nahrungsmitteln einiges sparen – und dabei gleich eine ordentliche Prise Kultur aufsaugen.

Nicht nur Hummus

Es gibt sie nicht – diese »eine« typisch israelische Küche. Alle Einwanderer haben über die Jahre etwas von ihrer Esskultur in den jungen Staat eingebracht. Von jiddischen Gerichten wie »gefillte Fisch« zur arabischen Falafel oder »tabouleh« bis hin zu einem kräftigen russischen Eintopf besticht Israel mit einer breiten kulinarischen Vielfalt.

Von Menschen und Jahrhunderten

Wenn Israel von einer Sache eine ganze Menge hat, dann ist es wohl eine lange und bewegte Geschichte. Ständig wandelt man auf den Spuren von Römern, Kreuzfahrern, Osmanen, Juden, Arabern, Makkabäern, Hasmonäern, Samaritern, Drusen … Wer seinen historischen Wissensdurst stillen möchte, ist in diesem Land goldrichtig.

Er sei gepriesen

Sie kommen jedes Jahr zu Tausenden: Gottsuchende und Bekehrte, Skeptiker und geglaubte Auserwählte, Reisegruppen auf der Fährte des Messias und im Schlepptau ihres Priesters. Israel ist die Wiege dreier Weltreligionen und geizt nicht mit heiligen Orten.

Für Politik-Interessierte

Seit seiner Staatsgründung im Jahr 1948 befindet sich Israel stets inmitten politischer Spannungen. Eine Reise durch das Land eignet sich hervorragend, um die eigenen Vorstellungen vor Ort einer Überprüfung zu unterziehen.

Vom Strand in die Wüste und ins Grüne

Immer ein neues Klima, zwei Küsten, eine Wüste, ein salziger und ein süßer See, schneebedeckte Berge, Krater und Moorlandschaften. In Israel zeigt sich die Natur auf einer winzigen Fläche in all ihrer Form- und Farbenpracht.

18

Für Wasserratten

Zwei Meere, unzählige Quellen, ein See und ein großer Fluss bringen Erfrischung in der sengenden Hitze. In einem heißen Land wie Israel schadet es nie zu wissen, wo sich das nächste Wasserloch befindet.

8

Nachtschwärmen in der Metropolis

In Israel wird gebetet, gegessen, gekämpft – und gefeiert! Vor allem in Tel Aviv kann man in einer der unzähligen Bars und in den vielen Clubs in die Nacht und für ein paar Stunden der Realität entschwinden. Ein willkommener Ausgleich zu der oft schweren Kost Jerusalems.

5

Unterwegs

Der Stadtstrand ist Tel Avivs Wahrzeichen. Hier wird promeniert, gejoggt, gefeiert und rund ums Jahr die Sonne angebetet. Die Hochhäuser reichen fast bis an die Wasserkante und sind heute fast ausschließlich in der Hand großer Luxushotels.

Tel Aviv und die Mittelmeerküste

Hier kommen sowohl Naturfreunde als auch Kosmopoliten auf ihre Kosten – die Westküste kombiniert urban mit naturbelassen

Einen Großteil der westlichen Grenze Israels bildet das Mittelmeer. Von Gaza im Süden, vorbei an der Metropole Tel Aviv und der Bucht von Haifa, bis hin zu den Stränden des westlichen Galiläa und der Grenze zum Libanon. Die Küstenebene ist einfach zu erschließen, die Infrastruktur ist hier am besten und lässt Sie zwischen der Altstadt Akkos, den Stränden bei Haifa oder dem Großstadtleben von Tel Aviv pendeln. Bei genügend Zeit bieten die Karmel-Berge eine schöne Auszeit im Grünen.

In diesem Kapitel:

ADAC Top Tipps:

 1 Rothschild Boulevard, Tel Aviv-Jaffa
| Straßenzug |
Die Hauptader der Stadt und der Grundstein Tel Avivs mit großer Ansammlung an Gebäuden im Bauhaus-Stil: schlendern, Kaffee trinken und unter einem der Royal-Poinciana-Bäume mit feuerroten Blüten sitzen. 19

 2 Jaffa, Tel Aviv-Jaffa
| Stadtviertel |
Der arabische Ursprung der Stadt und ältester Stadtteil Tel Aviv-Jaffas punktet mit seinem Künstlerviertel, dem täglichen Antiquitätenmarkt, Hafen und Panoramablick auf die Wolkenkratzer der Skyline von Tel Aviv. 29

3 Ein Hod
| Künstlerkolonie |
In der ältesten Künstlerkolonie des Landes finden sich Galerien, Werkstätten, ein Amphitheater und ein Skulpturenpark. Von dort aus kann man gut das Karmel-Gebirge zu Fuß erkunden oder einen Ausflug in ein benachbartes Bergdorf unternehmen. 38

 4 Bahai-Schrein, Haifa
| Heiligtum |
Der Terrassengarten und die goldene Kuppel des Bahai Schreins überblicken die Bucht Haifas. Im Juli 2008 wurden

sie in die Liste des UNESCO-Weltkulturerbes eingetragen. 41

ADAC Empfehlungen:

Kerem HaTeymanim, Tel Aviv-Jaffa
| Stadtviertel |
Jeder Israeli hat seinen Lieblingshummus. Tasten Sie sich z. B. bei Shlomo und Doron in Tel Avivs jemenitischem Viertel Kerem HaTeymanim an die Kichererbsenpaste heran. 22

Neve Tzedek, Tel Aviv-Jaffa
| Stadtviertel |
Das denkmalgeschützte Gründerviertel der Stadt besticht durch seine französischen Bistros, zahlreiche Boutiquen und Lavendelduft. 26

Jaffas Künstlerviertel, Tel Aviv-Jaffa
| Stadtviertel |
Auf Jaffas Brücke der Wünsche gibt man seine innersten Anliegen dem Mittelmeer preis – und wird dafür auch noch mit einem einmaligen Blick auf Tel Aviv belohnt. 30

Namal, Tel Aviv-Jaffa
| Strandpromenade |
Der alte Hafen im Norden der Stadt ist eine schicke Ausgehmeile direkt am Wasser, die von Cocktailbars und Restaurants bis hin zu einem Delikatessenmarkt alles bietet. 32

Beit Oren
| Berg |
Fährt man an der Kreuzung nach Beit Oren links, erlebt man eine der schönsten Serpentinenstraßen des Landes durchs Karmel-Gebirge mit tollem Blick auf das Mittelmeer 37

Hotel Nea bei Nahariya
| Wellness |
Im Luxushotel Nea am Strand Shave Zion entspannt man im Garten unter Fikusbäumen und Jasminbüschen oder gönnt sich eine Massage. 49

1 Tel Aviv-Jaffa

Israels Metropole mit Stadtstrand und Non-Stop-Nachtleben

Der Stadtstrand von Tel Aviv erstreckt sich über eine Länge von insgesamt 14 km

Information

■ Tel Aviv Boardwalk Information Center, Herbert Samuel St 46, 6688107 Tel Aviv-Jaffa, Tel. 03516 6317, www.visit-tel-aviv.com/en, So–Do 9.30–18.30, Fr 9–14 Uhr
■ Jaffa Information Center, Marzuk Azar St 2, 6150000 Tel Aviv-Jaffa, Tel. 03516 6188, So–Do 9.30–18.30, Fr, Sa 9.30–16 Uhr, www.tel-aviv.gov.il
■ Parken siehe S. 24

Gegründet 1909, ist Tel Aviv die erste jüdische Stadt der Neuzeit und heute das Zentrum des industriellen, finanziellen und kulturellen Lebens des Landes. Hier zieht jeder hin, der Karriere machen will oder einen westlichen Lebensstil anstrebt. Die israelische Börse befindet sich in Tel Aviv, ebenso die alte Diamantenbörse. Die Mittelmeermetropole ist auch das Zuhause vieler junger Unternehmen und Start-ups. Hightech ist mittlerweile zu Israels Exportschlager Nummer eins geworden und hat die rasante wirtschaftliche Entwicklung des Landes in den letzten Jahrzehnten vorangetrieben. So besitzt Israel die größte Anzahl von Hightech-Unternehmen nach dem Silicon Valley. Tel Aviv ist auch Herzstück der israelischen Kunst- und Kulturszene. Hier sitzen die Philharmonie und das Staatstheater, die meisten ausländischen Botschaften sind hier

**Plan
S. 20/21**

angesiedelt, es gibt Bauhaus-Architektur an jeder Ecke, eine rege Schwulenszene und ein lebendiges Nachtleben.

Innenstadt

Europäisches Flair, lange Alleen und Wolkenkratzerschluchten

Im Zentrum von Tel Aviv tobt das Leben. Hier findet man das Gründerviertel Neve Tzedek, den eleganten Rothschild Boulevard sowie eine Reihe von quirligen Basaren wie den Shuk HaKarmel. Hier befinden sich auch die meisten Häuser im Bauhaus-Stil, zahlreiche Hochhäuser sowie die teuersten Boutiquen und besten Restaurants.

👁 Sehenswert

1 Rothschild Boulevard
| Straßenzug |

Hauptader der Stadt und Grundpfeiler der Bauhaus-Architektur

Eine der Hauptstraßen im Zentrum von Tel Aviv, beginnt der majestätische Boulevard, benannt nach Baron Rothschild, am Gründerviertel Neve Tzedek und führt nach Norden zum Habima-Theater. Er ist eine der exklusivsten Straßen der Stadt – inklusive einer großen Ansammlung historischer Gebäude im Bauhaus-Stil, die mittlerweile zum UNESCO-Weltkulturerbe gehören. Israels Unabhängigkeitserklärung wurde in der Independence Hall am Rothschild Boulevard unterzeichnet – eine Touristinformation direkt an der Ecke Rothschild- und Herzl-Straße informiert über diesen historischen Moment.

Wenn Sie den Straßenzug in seiner ganzen Länge erkunden wollen, laufen Sie am besten von der Herzl-Straße Richtung Habima. Oder Sie biegen in eine der Straßen wie Mazeh, Balfour oder Shenkin ein und gehen in Richtung Westen – hier findet man in den Seitenstraßen überall Bauhaus-Gebäude. Wenn Sie sich an diese Himmelsrichtung halten, stoßen Sie automatisch auf die Allenby-Straße und den größten Markt der Stadt, den Shuk HaKarmel.

2 Karmel-Markt
| Markt |

Der Karmel-Markt (Shuk HaKarmel) ist der größte und wildeste Markt in Tel Aviv und ein idealer Ausgangspunkt für allerlei Erkundungen in der Innenstadt.

Tel Aviv–Jaffa

a   b   c

Havarkon

Namal (2,1 km) **16**

Frischmann Beach **4**

Tayelet 5

1

Trumpeldor Beach

Retzif Herbert Samuel Havarkon

Havarkon

Nes Ziona

Idelson

Yerushalayim Beach

Allenby

2

Rut

Havarkon

Ge'ula

i

Harav Kook

Ge'ula Beach

**Kere
HaTeym**

M I T T E L -

Nehemiah

Daniel

Hakovshim

Daniel

M E E R

Dolphinarium ■

Hanania

Gan
Hakovshim

Hacarmel

Lanir

**Hassan Bak
Moschee**

3

Pines

Shabazi

Hamered

Ein Ya'akov

Degania

Hahermon

**Etzel
Museum**

Kaufmann

Shabazi

Atroy

Chelouche

6

Elazar

Charles Chlore Park 12

Prof. Yehezkel

**Suzanna
Dellai Center**

Amzaleg

4

Si.

Chelouche

Raziel

Eilat

Harabbi Mbacharach

Nitzana

Ham

Elfeler

**Old
Jaffa**

Uhrturm

Poriya

Derech Shlor

Al-Bahr-Moschee

Marzouk Ve'azaar

Mahmadiyya-Moschee

Hatekuma

Derech

*Jaffa
Antikmuseum*

Ometz

Schnitzer

Derech

St. Peterskirche ■

*Arabisch-
hebräisches
Theater*

3

She'erit

Yisra'el

5

9 Flohmarkt

**Bloomfield
Stadium**

Farkash Gallery ■

10 **Künstlerviertel**

Ilana Goor Museum

**Groningen
Park**

**Jaffas
Hafen** **11**

Namal Yafo

Yehuda Meragusa

Dror

No'am

2 **Jaffa**

a   b   c

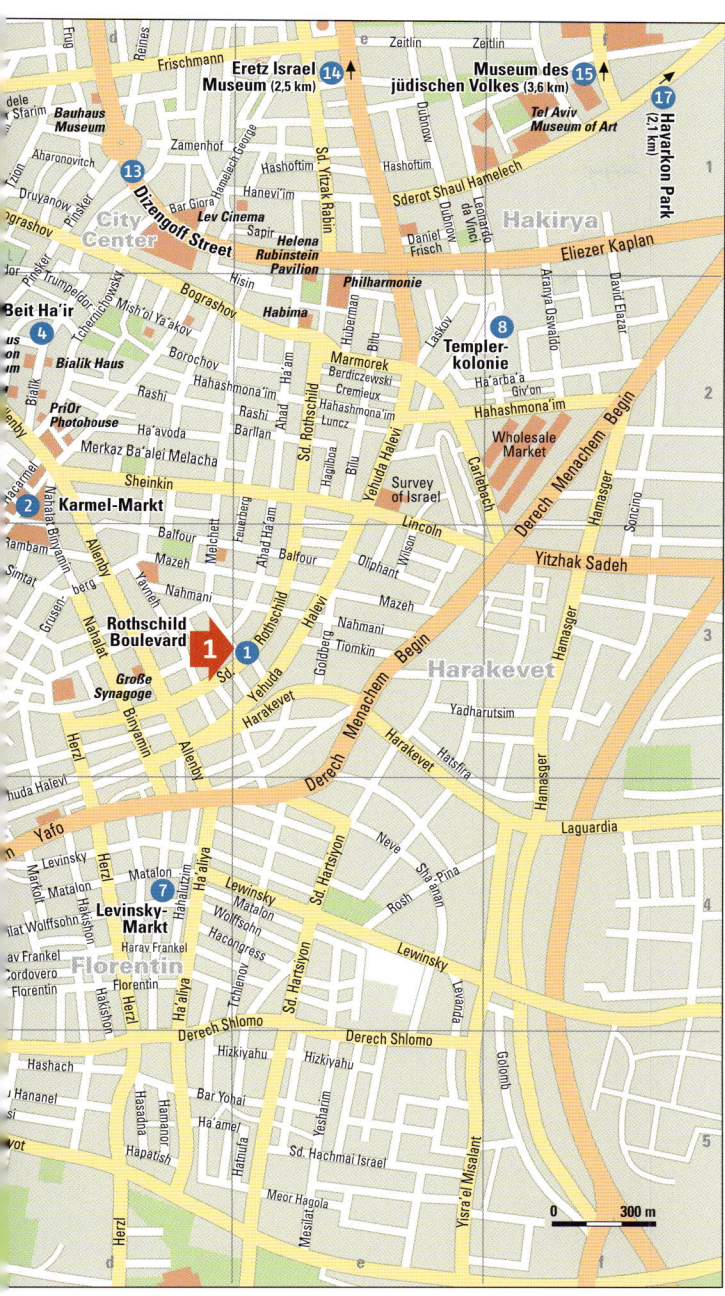

Hier verkaufen Händler einfach alles: Es gibt Kleidung und Haushaltswaren, Gewürze, Gemüse, Säfte und Obst bis hin zu elektronischen Artikeln. Der Shuk bedeutet Lärm, Farben und Gerüche – aber auch günstige Preise. Das obere Ende des Karmel-Marktes ist auf Mode, Souvenirs und Elektronik ausgerichtet, während Verkäufer im unteren Teil hauptsächlich Lebensmittel anbieten. Hier gibt es auch Säfte, Süßigkeiten, Kaffee und allerlei Streetfood. Probieren Sie Halva (eine Süßigkeit aus Sesampaste) und Baklava (ein arabisches Dessert mit viel Honig) und trinken Sie einen der köstlichen Säfte an der Ecke zur Rambam-Straße.

■ Shuk HaCarmel, Ha Carmel St 11, So–Do 8–20, Fr 8–17 Uhr

 Kerem HaTeymanim
| Stadtviertel |

 Tasten Sie sich in diesem Viertel an die Kichererbsenpaste heran

Direkt hinter dem Karmel-Markt liegt das Stadtviertel Kerem HaTeymanim

ADAC Wussten Sie schon?

In den meisten Ländern illegal, in Israel jedoch in der Grauzone zwischen Droge und Kulturgut: **Ghat**. Die Blätter des Baumes sind tief in der Tradition jemenitischer Juden verwurzelt und werden für ihren seichten Rausch mehrere Stunden lang gekaut. Potenter ist das Pressen und Kochen der Pflanze. Mittlerweile ist der Saft nicht mehr nur bei jemenitischen Einwanderern, sondern auch der jüngeren Allgemeinbevölkerung beliebt – heutzutage kommt kaum eine israelische Hochzeit ohne Mitz-Ghat an der Bar aus.

(dt. Weinberg der Jemeniten), das 1906 von jemenitisch-jüdischen Einwanderern gegründet wurde. Noch heute sieht man, dass es einst ein sehr armes Viertel gewesen sein muss. Die vielen einstöckigen Häuser sehen zwar niedlich aus, bestehen jedoch immer noch aus billigen Materialien, dünnen Wänden, Blechdächern und einer katastrophalen Kanalisation. Mittlerweile befindet sich die Nachbarschaft jedoch in einem Prozess der Gentrifizierung, und Cafés, Shops und Restaurants schießen an jeder Ecke aus dem Boden.

Die traditionellen jemenitischen Restaurants werden durch diese Entwicklung zwar weniger, aber es gibt sie noch: Machen Sie einen Schnupperkurs in Sachen nahöstliches Streetfood am besten bei Shlomo und Doron auf der Yishkon-Straße 29 (So–Do 8.30–16.30, Fr 8.30–15.30 Uhr). Versuchen Sie das »hamshuka« – eine Mixtur aus »shakshuka« (pochierte Eier in Tomatensoße) und Hummus. Hummus wird traditionell nur bis mittags serviert; die Kichererbsen ziehen in der Nacht, und er bleibt nur ein paar Stunden frisch.

 Beit Ha'ir
| Museum |

Für einen Schuss Kultur eignet sich die Bialik-Straße gegenüber des Marktes. Benannt nach dem Nationaldichter Chaim Nachman Bialik (1873–1934), befindet sich dort die städtische Musikbibliothek sowie das Haus, in dem der Dichter wohnte. Am Ende der Straße finden Sie das Museum Beit Ha'ir mit seinen wechselnden Ausstellungen zu zeitgenössischer Kunst und den Platz Bialik, der Teil des UNESCO-Weltkulturerbes ist. Von der Dachterrasse des Beit Ha'ir hat man einen spektakulären Blick auf die Dächer der Stadt. In

Breite moderne Radwege säumen Tel Avivs Uferpromenade vor den großen Hotels

der Straße nebenan, auf der Tchernik-hovski-Straße 5, befindet sich zudem das Photohouse. Es ist Tel Avivs ältestes Fotofachgeschäft mit Vintage-Fotografien aus der Geschichte der Stadt.

■ Bialik St 27, Tel. 037 24 03 11, www.beit hair.org, Mo–Do 9–17, Fr 10–14 Uhr, 20 NIS, erm. 10 NIS

Tayelet
| Strand |

Das Wort »tayelet« steht hebräisch für Promenade, und jeder in Tel Aviv weiß, dass damit nur der lange Stadtstrand gemeint sein kann. Er ist in Abschnitte unterteilt und jeweils nach den Querstraßen benannt. Als Familie bietet sich Alma Beach im Süden oder Marina im Norden an, Geula Beach ist die Adresse für die jüngere Generation. Viele Einheimische nutzen die Promenade, um Sport zu treiben. Es gibt Outdoor-Fitnessstudios, die jeder benutzen kann,

und daneben steht sogar eine Waage, um den Erfolg zu überprüfen. Durchgehende Radwege führen von Bat Yam im Süden bis nach Herzliya im Norden. Eine Radtour ist damit einfach, sollte allerdings in den heißen Sommermonaten nur vormittags oder am Abend unternommen werden. Auch bei einem Spaziergang auf der Promenade oder durch den Charles Chlore Park sollte immer eine Kopfbedeckung getragen werden – es gibt keine Schattenplätze.

🚇 Verkehrsmittel

Bei 40 °C im Schatten kommt so manch einer auf dem Fahrrad ganz schön ins Schwitzen – die **E-Roller** kommen hier gelegen und können überall in Tel Aviv gemietet und wieder abgestellt werden (www.li.me). Fahrradstände von Tel-O-Fun gibt es nahezu überall. Die **Fahrräder** erfordern eine Zugangsgebühr

zuzüglich eines Betrags für jede Stunde. Die ersten 30 Minuten sind kostenlos (www.tel-o-fun.co.il). Mit den sogenannten **Monit Sheruts** – also den gelben Sammeltaxis – fährt man sowohl zwischen den großen Städten als auch innerhalb der Stadt. Einfach an den Straßenrand stellen, heranwinken und an Bord 6 NIS bezahlen.

 Parken

Das Parken in Tel Aviv kann schwierig und teuer sein. An **blau-weiß** gestreiften Bordsteinen können Sie parken, **rot-weiße** oder **rot-blaue Zonen** sind untersagt. Sollte es sich um kostenpflichtige Plätze handeln gibt es die Pango-App (https://en.pango.co.il). Da die Schilder meist nur in Hebräisch sind und das Regelwerk variiert, sollte man Einheimische um Hilfe bitten. Kostenpflichtige Parkplätze gibt es am Karmel-Markt (50 NIS pro Nacht), tagsüber steht die Garage am Habima-Theater am Ende des Rothschild Boulevards zur Verfügung. ■ Carmel Market Parking: Simtat HaCarmel 1, 24 Std. geöffnet, 12 NIS/Std.; Habima Parking: Huberman St 1, tgl. 8–20 Uhr, 17 NIS/Std.

🍴 Restaurants

€ | **Jasmino Pitta** Zurzeit eine der besten Streetfood-Adressen. An der langen Schlange davor kann man erkennen, dass der Beliebtheitsgrad in kürzester Zeit explodiert ist. Sehr frisch, perfekt abgeschmeckt, und das Pita-Brot ist niemals trocken. ■ Allenby St 99, Sa–Do 12–2 Uhr, Plan S. 20/21, d3

€€€ | **Dok** Hier serviert man nur, was in Israel angebaut wurde, und kreiert daraus eine großartige Fusion-Küche. Sogar die »New York Times« hat das zur Kenntnis genommen. Es ist dort normalerweise ziemlich voll, Sie sollten einen Platz im Voraus bestellen. ■ Shlomo Ibn Gabirol St 8, Tel. 036098118, Sa–Do 18–24 Uhr, Plan S. 20/21, e2

Am Habima-Platz hat das Israelische Nationaltheater mit vier Theatersälen seinen Sitz

Cafés

Millie Vanillie Mitten im Gan-Meir-Park, ist das Millie Vanillie eine Oase der Stille neben dem LGBT-Zentrum. Hipster-Flair und trendy Deko, dazu gibt's guten Kaffee sowie Bistro-Gerichte à la Nahost. ■ Park Gan Meir, tgl. 8–24 Uhr, Plan S. 20/21, d2

 Einkaufen

ATA Die Modemarke ATA spiegelt die Mode der frühen Einwanderer wider, die Entwürfe erinnern eher an Arbeitskleidung. Entstanden in den 1930er-Jahren und für mehrere Jahrzehnte verschwunden, findet man ATA jetzt wieder auf der Allenby-Straße. ■ Allenby St 93, Tel. 039060223, So–Do 10–20, Fr 10–16 Uhr, Plan S. 20/21, d3

Azrieli Mall Das Azrieli Center ist ein Wolkenkratzerkomplex in der Nähe der Bahnstation HaShalom mit einem der größten Einkaufszentren Israels mit 30 Restaurants, Imbissständen und hunderten Geschäften. ■ Derech Menachem Begin 132, HaShalom Bus 23, Tel. 03608 1199, So–Do 9.30–22, Fr 9.30–15, Sa 6.30–11 Uhr, Plan S. 20/21, östl. f1

PlazmaLab Das Künstlerkollektiv hat auch eine Niederlassung in Berlin und druckt seine Entwürfe nicht nur auf Kleider, sondern auch Wände, Kunstin-

ADAC Mobil

Bei bis zu 40 °C im Schatten kommt so manch einer auf dem Fahrrad ganz schön ins Schwitzen – die **elektrischen Roller** von Bird oder Lime kommen hier gelegen und können überall in Tel Aviv gemietet werden (www.li.me).

ADAC Spartipp

Wer hofft, Kosten zu sparen, indem er das Ankunfts- oder Abflugdatum auf Freitag oder Samstag legt, vertut sich: Von Freitag- bis Samstagabend herrscht im ganzen Land **Schabbat**, und die öffentlichen Verkehrsmittel bewegen sich keinen Zentimeter. Taxen zum/vom Flughafen kosten rund 40 €. Es gibt Shuttles für 20 €, diese müssen allerdings vorbestellt werden: https://touristisrael.jetalimo.com.

stallationen, Inneneinrichtung oder Konzertbühnen. ■ King George St 14, Gan Meir Bus 25, Tel. 039791186, So–Do 10–21, Fr 9.30–16 Uhr, Plan S. 20/21, d2

 Bühne

Habima Theater Das Nationaltheater Habima am Ende des Rothschild Boulevards bietet auch Vorführungen auf Englisch. Ursprünglich 1913 in Moskau gegründet, ist das Theater jetzt in einem Bauhaus-Gebäude der Weißen Stadt untergebracht. ■ Tarsat St 2, Bus 4 und 5, Tel. 036295555, www.habima.co.il, Plan S. 20/21, e2

 Kneipen, Bars und Clubs

Imperial Das Imperial ist für seine exzellenten Cocktails und Longdrinks bekannt. In der Nähe der Strandpromenade mit New-York-Flair, es ist schummrig und schick. ■ HaYarkon St 66, Tel. 0732 649464, www.imperialtlv.com, tgl. 18–2.30 Uhr, Plan S. 20/21, c1

Poli House Die Dachterrasse des zentral gelegenen Hotels ist ein Geheimtipp. Futuristisch anmutende Lobby, Aufzug

Im Blickpunkt

Proud in Tel Aviv

Tel Aviv ist eines der beliebtesten Urlaubsziele für LGBT-Reisende. In der Stadt gibt es eine Vielzahl von LGBT-Bars und -Nachtclubs, -Fitnessstudios, -Stränden und -Hotels sowie die größte Pride-Parade im Nahen Osten und in Asien. Zwar werden im Land keine gleichgeschlechtlichen Ehen geschlossen, aber Israel erkennt das Zusammenleben von gleichgeschlechtlichen Paaren sowie gleichgeschlechtliche Ehen an, die an anderer Stelle geschlossen wurden. Eine Adoption durch gleichgeschlechtliche Paare wurde 2008 legalisiert. Das Haupt-LGBT-Gemeindezentrum von Tel Aviv befindet sich im Park Gan Meir auf der King-George-Straße. Das Zentrum beherbergt außerdem ein wunderbar verstecktes Café. Für einen Drink am Abend bieten sich die Shpagat Bar auf Nahlat Binyamin an. Die beiden Eventlines von Pag (Männer) und Cult (Frauen) veranstalten Partys überall in der Stadt.

bis es nicht mehr weitergeht und bei einem Wein bis zum Meer schauen. ■ Polihouse Rooftop Bar, Nahalat Binyamin St 1, Tel. 037105000, www.brownhotels.com, tgl. 0–24 Uhr, Plan S. 20/21, d2
The Prince Hier hat man von der malerischen Dachterrasse einen Blick über die Dächer der Nahalat-Binyamin-Straße. Einzigartige Kombination aus wildem Art déco und Bauhaus aus den 1930er-Jahren. ■ Nahalat Binyamin St 18, Tel. 0586061818, So–Do 10–24, Fr 10–18, Sa 17–24 Uhr, Plan S. 20/21, d3

 Events

Im Juni verwandelt sich die Stadt für eine Woche in ein Regenbogenfahnenmeer. Die **Gay Pride** in Tel Aviv ist die größte seiner Art auf dem gesamten asiatischen Kontinent. Höhepunkt ist die Parade am Freitagnachmittag entlang der Strandpromenade.
Am **Abend der Weißen Nacht** (Laila Lavan) öffnen alle Museen, Theater, Bars, Restaurants und Galerien, und die ganze Stadt ist auf den Straßen. An der einen oder anderen Ecke gibt es auch Live-Jams und Straßenkonzerte.

Der Süden

Zwischen Straßenküchen, lauten Kneipen und edlen Bistros

Im Süden scheint man in einer anderen Stadt zu sein. Statt weißen Boulevards gibt es hier afrikanische Viertel wie Neve Shanan, das elegante Neve Tzedek und das bunte Hipsterquartier Florentin mit seinen alten Textilwarenläden.

 Sehenswert

 Neve Tzedek
| Stadtviertel |
 Das Gründerviertel besticht durch sein französisches Flair
Das teuerste Viertel von Tel Aviv ist voller Bistros, Weinbars, Designerläden und Juweliere. Auf der Shabazi-Straße bekommt man Boutique-Eiscreme und exzellewnten Espresso, und die Bar Jajo Vino lockt mit einer unerschöpflichen Auswahl an Weinen. Bei den Designern Elise und Numéro 13 finden Sie alles von schickem Innendesign bis hin zu hochwertigen Stoffen, und bei Badim springen sofort die bunten Farben der Kleider ins Auge.

Das Quartier wurde 1887 gegründet – mehr als 20 Jahre vor der Stadt Tel Aviv – und steht heute unter Denkmalschutz. Hier befindet sich auch der Susan-Dallal-Komplex für zeitgenössischen Tanz (Yehieli St 5, Tel. 03510 56 56, www.suzannedellal.org.il). Prüfen Sie unbedingt das Programm – die Kompanie ist weit über die Landesgrenzen bekannt und einen Besuch wert.

7 Levinsky-Markt

| Markt |

Kleiner als der Karmel-Markt, dafür aber spezieller: An der Levinsky-Kreuzung findet man eingelegten Fisch, veganes Dessert, italienischen Schinken, getrocknete Früchte und Gewürze in Hülle und Fülle. Starten Sie an der Ecke Nahalat-Binyamin-/Levinsky-Straße und probieren Sie sich in nur fünf Blocks – von der Ecke der HaAliya- bis zur HaMashbir-Straße – durch die kulinarische Geschichte der russischen, irakischen und rumänischen Einwanderer des Viertels. Bei Sam LaChaim gibt es vegane Delikatessen, bei Ezra Gabbay (Nahalat Binyamin 101) graben Sie sich durch Berge von Nüssen, und bei Madaniat Yom Tov sollte man unbedingt die mit Käse gefüllten Hibiskusblüten und eingelegten Feigen kos-

Die Früchte und Gewürze des Orients zum Selbstscheffeln auf dem Levinsky-Markt

ten. Wer nach all dem Shopping die Füße hochlegen möchte, findet nebenan das Bistro Tony ve Ester, das Restaurant Mapsuta Hummus oder das Levinsky Café für frische Säfte.

■ Levinksy St, So–Do 9–17 Uhr

ADAC Spartipp

Wer plant, ein **Auto** in Israel zu mieten und auch größere Strecken zurückzulegen, sollte versuchen, es mindestens drei Tage am Stück zu buchen. Die meisten Firmen – wie z. B. Budget in Tel Aviv – bieten in solchen Fällen »unlimited kilometers«, sodass man entspannt von Eilat bis in den Golan fahren kann.

8 Templerkolonie

| Architektur |

Versteckt zwischen Florentin und Jaffa ist die Amerikanisch-Deutsche Kolonie ein Kleinod der Geschichte Tel Avivs und liegt abseits der Touristenpfade. 1866 beschloss eine Gruppe von rund 150 christlichen Amerikanern, ihrem Glauben zu folgen und sich im Geburtsland Jesu niederzulassen. Hinzu kamen deutsche Auswanderer aus der Templerbewegung, die 1904 die Siedlung erweiterten und eine Kirche, Gemeindehäuser und eine Schule bauten. Geblieben sind kopfsteingepflasterte Straßen, deutsche Inschriften und Holzhäuser mit Spitzdächern. Neben der Templerkolonie finden Sie im Sarona-Markt – heute ein hipper Indoor-Markt – weitere Spuren der deutschen Präsenz im damaligen Palästina.

 Restaurants

€€ | **Ouzeria** Gemütliches Lokal in Florentin mit griechischen, aber auch nahöstlichen Speisen, lebendiges Ambiente, oft laute Musik. Guter Beginn für eine Nacht im Süden Tel Avivs. ■ Matalon St 44, Tel. 03 53 30 89 99, www.ouzeria.co.il, So–Fr 12–23 Uhr, Plan S. 20/21, d4

€€€ | **Abraxas** Starkoch Eyal Shani verwebt Nahost mit modern. Die frischen Gerichte sind simpel, aber mehr als köstlich. Die Bar ist immer voll mit Einheimischen, Anisschnaps gibt es gratis. ■ Lilienblum St 40, Tel. 03 51 6 66 60, So–Do 12–16.30, 18–24, Fr, Sa 13–16.30, 18–24 Uhr, Plan S. 20/21, d3

 Bühne

Suzanne Dellal Center Das Zentrum ist ein Muss für alle, die die Kunst des Tanzes lieben. Es beherbergt die israelische Truppe und internationale Tanzgruppen und verfügt über ein eigenes Gourmetrestaurant. ■ Susan Dellal Center, Yeheli St 5, Tel. 03 51 0 56 56, www.suzannedellal.org.il, Plan S. 20/21, c4

 Konzerte

Barby Alternative Bands treten gerne im Barby auf. Die Konzertlocation bietet vor allem jungen und regionalen Künstlern immer wieder eine große Bühne, und Musikliebhaber tauchen hier einfach und schnell in die lokale Musikszene ein. ■ Kibbutz Galuyot 52, Kibbutz Shoken Bus 17, Tel. 03 51 8 81 23, www.barby.co.il, Plan S. 20/21, d5

Israeli Philharmonic Orchestra Das Orchester hat seinen Sitz im Charles Bronfman Auditorium und gilt als das beste Ensemble des Landes. Es bietet über das gesamte Jahr hinweg ein buntes Programm. Tickets erhält man direkt auf der Webseite des Orchesters. ■ Huberman St 1, Tel. 03 54 3 07 77, www.ipo.co.il, Plan S. 20/21, e2

 Kneipen, Bars und Clubs

Herzl 16 Ehemals legendärer Ort auf dem Rothschild Boulevard, ist die Bar jetzt in die Herzl-Straße 16 umgezogen. Sie bietet einen wunderschönen Innenhof, Livekonzerte und eine unglaubliche Vielzahl von Drinks. ■ Herzl St 16, Tel. 03 55 4 43 00, www.herzl16.co.il, tgl. 8–2 Uhr, Plan S. 20/21, d3

The Block Der Block ist der größte Club des Landes mit ständig wechselnden lokalen sowie internationalen DJs auf drei Floors. Direkt bei der zentralen Busstation gelegen, man erkennt den Eingang leicht an der langen Schlange. ■ Shalma St 157, Tel. 03 53 7 80 02, www.block-club.com, Sa–Do 21–8, Fr 23–8 Uhr, Eintritt frei, Plan S. 20/21, e4

 Kinos

Cinemateque Das Filmarchiv und Kino mit fünf Sälen ist Gastgeber für das TLVFest, das Dokumentarfilmfestival Doc Aviv und die französische Filmwoche. Hier findet man Streifen in allen Sprachen und mit englischen Untertiteln. ■ HaArba'a St 5, Tel. 03 60 6 08 00, www.cinema.co.il, Plan S. 20/21, e2

Zum tiefenentspannten Beach-Lifestyle von Tel Aviv gehören natürlich auch die Surfer

Erlebnisse

Auf der Webseite https://en.shuktlv. co.il erfährt man alles Wissenswerte über die **Märkte** in Tel Aviv. Klicken Sie sich durch bis zum Levinsky-Markt, und genießen Sie eine Tour durch den Gewürzmarkt. Man nippt an Ouzo, isst gesalzenen Fisch und probiert im Ofen gebackene »burekas«.

Sport

Surfen Wer die Wellenkämme mag, ist in Tel Aviv genau richtig. Surfschulen gibt es buchstäblich wie Sand am Meer: Israel Surf Club oder Galim Club bieten Schnupperstunden und Bordverleih und organisieren Kurse. ■ Israel Surf Club: Hilton Beach, Tel. 0351034 39, www. israelsurfclub.co.il, tgl. 8–19.30 Uhr; Galim Surf Club: HaYarkon St 145, Tel. 035175557, www.galimsurf.com, tgl. 1–20 Uhr

Jaffa

 Arabisches Viertel mit Floh-markt, Hafen und Ausblick

Einst eine berühmte Hafenstadt, war der südliche und älteste Teil von Tel Aviv-Jaffa früher das Tor zum Nahen Osten. Heute glänzt Jaffa mit einzigartiger Architektur, Galerien und hippen Bars. Getrennt durch einen Park und Strand vom Rest Tel Avivs, ist das arabische Jaffa eine ganz andere Welt.

Sehenswert

 Flohmarkt
| Markt |
Die alte Hafenstadt war im 19. Jh. die erste Anlaufstelle für alle jüdischen Einwanderer. Jahrzehntelang blieb das Viertel ein Brennpunkt, und die Spannungen zwischen jüdischen Ankömmlingen und arabischen Einwohnern

waren hier am stärksten. Mittlerweile wurde die Altstadt renoviert und gentrifiziert und ist inzwischen Touristenmagnet und das Zuhause vieler Künstler und Studenten. In der Woche sorgt der Antiquitäten- und Flohmarkt (Shuk HaPishpishim) für Trubel (Olei Zion St, So–Do 9–17, Fr 9–14 Uhr).

10 Jaffas Künstlerviertel
| Stadtviertel |

3 *Hoch über dem Meer Kunst erstehen und den Strand bewundern*
Wer die Anhöhe Jaffas emporklettert, fällt von einer Galerie in die nächste. Einen Besuch wert sind vor allem die Har-El-Galerie, Zadik, Farkash Gallery und Almacen. Letztere ist zudem Kulturzentrum für arabische und jüdische Künstler. Auch die elegante Modemarke Maskit befindet sich in den Naturstein-

häusern. Auf dem Gipfel angekommen, eröffnet sich ein einzigartiger Blick auf die gesamte Stadt. Hier geht man über die sogenannte »Brücke der Wünsche«: Eine alte Legende besagt, dass jedem, der auf dieser Brücke steht und das Relief seines eingeschnitzten Sternzeichens berührt und dabei aufs Meer schaut, sein Wunsch erfüllt wird.

11 Jaffas Hafen
| Hafen |

Wenn man die Treppen durch das Künstlerviertel hinabsteigt, gelangt man zum Namal Jaffa, dem Hafen Jaffas. Besonders am Freitagabend ist hier viel los. Fischer, Nachtschwärmer, Spaziergänger zu Shabbat und arabische Familien bewundern den Sonnenuntergang mit Blick auf das Lichtermeer Tel Avivs. Tagsüber gibt es außerdem den Hafen-

Im südlichen Stadtteil Jaffa haben nach wie vor viele Palästinenser ihr Zuhause

markt von Jaffa mit Gourmetbäckereien, Austernbar und Designerläden.
■ Jaffa Port Market, Fr 9–14 Uhr

Charles Chlore Park
| Park |
Jaffa und Tel Aviv sind durch Wiesen getrennt. Dieser grüne Park mit seinen vereinzelten Palmen ist beliebt bei Frisbeespielern, Jam Bands und picknickenden Familien. Am Südende befindet sich das Beit Gidi Memorial und das Beit Etzel Museum, das an den Kampf um Jaffa im Unabhängigkeitskrieg erinnert. Da der Park nur wenig Schattenplätze bietet, ist das Museum nicht nur ein guter Ort für Geschichte, sondern auch für eine Pause mit Klimaanlage.
■ Beit Etzel Museum, Nahum Goldmann St 2, Tel. 035177180, So–Do 8.30–16.30 Uhr, Eintritt frei

Cafés

Casino San Remo Vor den Toren Jaffas, direkt am Noga-Platz gelegen, ist das Casino San Remo tagsüber Café und am Abend Bar. Manchmal gibt es spannende Sales für Grafiken, Pflanzen oder Mode. ■ Nehama St 2, Tel. 0515 53 18 35, tgl. 8–2 Uhr, Plan S. 20/21, c5
Shaffa Ideal für ein Frühstück, einen Snack oder Drink mitten im Herzen Jaffas. Abends ist in den Straßen viel los, tagsüber kann man hier draußen sitzen. ■ Nachman St 2, Tel. 036811205, tgl. 9–24 Uhr, Plan S. 20/21, b5

Der Norden

Die Museen, Boulevards und Plätze des Nordens erzählen vom Beginn Tel Avivs

Auch »der alte Norden« genannt, ist dieser Stadtteil inzwischen etwas aus der Zeit gefallen und bietet vor allem viel Erholung. Hier leben junge Familien und ältere Ehepaare, hier befinden sich die Universität, viele Museen und der größte Park der Stadt.

Sehenswert

Dizengoff Street
| Straßenzug |
Der Dizengoff-Platz, 1934 angelegt, war einst einer der wichtigsten Knotenpunkte der Stadt. Er erstreckt sich in der Mitte der Dizengoff-Straße, auf der vor allem Liebhaber von Luxusartikeln eine breite Auswahl an Boutiquen finden. Das Bauhaus Center (Dizengoff St 77) ist Anlaufstelle für architektonisch Interessierte. Das Kulturzentrum verfügt über eine Privatsammlung und veranstaltet Ausstellungen und Stadtführungen. Weiter südlich thront das Dizengoff Center, die größte Mall der

ADAC Mobil

> Achtung, am Schabbat ist die Stadt still. Keine Kneipe, kein Supermarkt, keine Musik – und kein Bus. Gut, dass es die gelben privaten **Sammeltaxis** (hebr. Monit Sherut) gibt. Sie fahren sowohl zwischen den großen Städten als auch innerhalb der Stadt. Einfach an den Straßenrand stellen, heranwinken und an Bord bezahlen: Hop-on-hop-off-Prinzip.

Innenstadt. Der Betonblock verfügt über mehr als 400 Geschäfte in zwei massiven Gebäuden, die über eine Brücke miteinander verbunden sind.

Eretz Israel Museum
| Museum |

Im Eretz Israel Museum hat man die Wahl zwischen archäologischen Ausgrabungen, Judaistik und einem Planetarium, das sich vor allem der Reise von Ilan Ramon, Israels erstem Astronauten, widmet. Mithilfe von 3D-Echtzeitbildern fliegt man durch den Weltraum. Englische Präsentationen sind nach vorheriger Reservierung möglich.
■ Chaim Levanon St 2, Bus 24, 25, www.eretzmuseum.org.il, Mo–Do 10–16, Fr–Sa 10–14 Uhr, 52 NIS, erm. 35 NIS

Museum des jüdischen Volkes
| Museum |

Weit im Norden, fast im Vorort Ramat Aviv, befindet sich mitten auf dem Campus der Universität das Museum des jüdischen Volkes (Beit Hatfutsot), das die Stationen der jüdischen Geschichte näherbringt. Das ehemalige Nahum Goldmann Museum der jüdischen Diaspora ist nun nach Dr. Nahum Goldmann, Gründer und Präsident des World Jewish Congress, benannt.
■ Beit Hatfutsot Museum of the Jewish People, Campus Tel Aviv University, Bus 24, 25, www.bh.org.il, So–Do 10–17, Fr 9–14, Sa 10–15 Uhr, 49 NIS

16 Namal
| Strandpromenade |

 Der nördliche Hafen bietet Drinks, Delikatessen und Seeluft

Im nördlichen Hafen Tel Avivs wird nicht mehr gefischt und gesegelt. Hier haben Fahrradfahrer, Skateboarder und Outletkunden übernommen, Nachtschwärmer bahnen sich den Weg, und Hungrige warten vor den Restaurants. Im Hafenmarkt gibt es alle Delikatessen, die das Herz begehrt: Fisch und frische Meeresfrüchte, Käse, Gewürze und Fleisch bis hin zu den saisonalen Gerichten des Chefkochs Yossi Shitrit im Marktrestaurant (www.kitchen-market.co.il). Ein Besuch wert ist auch das Comme il Faut – ein Frauenkollektiv aus Modehaus, Frauen-Spa und Restaurant im Beit-Banamal-Komplex.

Im Blickpunkt

Start-up-Nation

Israel ist weltweit für seine Gründerkultur bekannt, und das eingesetzte Risikokapital pro Kopf ist dort höher als in jedem anderen Land. Mehr als 6000 Start-ups gibt es in Israel – das Heilige Land hat damit die höchste Dichte an Neugründungen weltweit. Als Ergebnis wird Israel oft als Start-up-Nation bezeichnet (nach dem Buch »Start-up Nation« von Dan Senor und Saul Singer) oder als »Silicon Wadi«.

Das Museum des jüdischen Volkes widmet sich der jüdischen Diaspora rund um die Welt

17 **Hayarkon Park**

| Park |

Am Stadtrand befindet sich Tel Avivs Antwort auf den Central Park. Die grüne Lunge der Metropole bietet neben Schattenplätzen unter Bäumen mehrere Basketballplätze, Radwege und den Yarkon-Fluss. Fahrradverleihstationen von Tel-o-Fun sind im ganzen Park verteilt, oder man leiht sich ein kleines Motor-, Ruder- oder Tretboot. Die Verleihstationen befinden sich in der Nähe der Ibn-Gvirol-Brücke. Es gibt einen Steingarten mit Felsen und Kakteen und über 3500 Pflanzenarten. Der Hayarkon Park ist außerdem ein Magnet für Sportler. Das Sportek-Zentrum befindet sich am Rokach Boulevard und verfügt über eine fast 14 m hohe Kletterwand. Schlussendlich dient die Parkanlage auch als Vogelschutzgebiet: Die Tsipari (Vogelsafari) liegt inmitten von Gärten an einem See, in dem Schwäne und Enten schwimmen, daneben befindet sich ein kleiner Streichelzoo.

 Restaurants

€ | **Urban Shaman** Wenn Sie gerade im Norden unterwegs sind, lockt diese Adresse mit einer gesunden Mahlzeit. Frisch gepresste Säfte in allen Variationen, Superfood, Salat oder Frühstück. ■ Dizengoff St 210, Tel. 03 752 11 02, www.urbanshaman.co.il, So–Do 8–22, Fr 8–15, Sa 8–18 Uhr, Plan S. 20/21, nördl. d1

 Cafés

LaLaLand Wer mit Blick auf das Meer speisen will, wird am Gordon Beach fündig. Die Karte bietet eine lange Liste von Salaten und Sandwiches bis hin zu Fisch und Pizza. ■ Herbert Samuel St 131, Tel. 03 529 33 03, www.lalalandtelaviv.co.il, tgl. 7–2 Uhr, Plan S. 20/21, nördl. c1

ADAC Mittendrin

Achtung! Kopf einziehen! An heißen Sommertagen wird die Strandpromenade zum Spielfeld für das sogenannte **Matkot**. Das Ballspiel, das dem Strandtennis ähnelt, wird von Israelis gerne als nationaler Strandsport bezeichnet. Sympathisch: Es gibt keinen Gewinner oder Verlierer. Einziges Ziel des Spiels ist es lediglich, den Ball so lange wie möglich in Bewegung zu halten.

 Kinder

Der **HaYarkon Park** bietet eine breite Palette an Aktivitäten für Kinder: Dort gibt es den Ganei Yehoshua Park mit einem großen Spielplatz und den Streichelzoo. Man kann ein Tretboot mieten oder dem Meymadion Water Park einen Besuch abstatten. Im Luna Park an der Grenze zu Ramat Aviv locken Achterbahnen und ein Riesenrad, das so

groß ist, dass es mittlerweile die östliche Skyline der Stadt mitbestimmt.

 Erlebnisse

Die Touren des **Bauhaus-Zentrums** dauern rund zwei Stunden und führen durch die sogenannte Weiße Stadt; Reservierung über die Internetseite: www.bauhaus-center.com.

 Sport

Sportek Center In diesem Zentrum im Hayarkon Park gibt es Trampoline, Basketball-, Tennis- und Fußballplätze, eine Eislaufbahn sowie eine Reihe von Skateboardrampen. Mutige können einen Bungee-Sprung wagen, oder man leiht sich diverses Sportequipment wie beispielsweise Rollerblades. ■ Rokach Boulevard 42, Reading Terminal Bus 4, Tel. 036990307, So–Do 9–22.30, Fr 14–20 Uhr; Kletterwand: So–Do 17–22, Fr 14–20 Uhr (man kann Kletterschuhe vor Ort mieten), Plan S. 20/21, nördl. e1

Ruinen des antiken Cäsarea mit Theater, Rennbahn, Thermen, Palästen und Tempeln

2 Cäsarea

*Antike Hafenstadt inmitten eines Natio-
nalparks mit weißen Sandstränden*

 Information

◼ Caesarea Visitor Center und National
Park, 30889 Caesarea National Park, Tel.
04 63 61 0 10, Sa–Do 8–16 Uhr

Die verwitterten Ruinen von Cäsarea
Maritima widerstehen seit Jahrtausen-
den der Gischt des Mittelmeers. Direkt
an den Klippen thront die einstige Hafenstadt, die um 30 v. Chr. erbaut wurde
und zunächst eine größenwahnsinnige
Idee Herodes des Großen war. Beginnen Sie einen Rundgang am Kreuzrit-
tertor am Nordeingang des Parks und
verpassen Sie nicht das Amphitheater.
Zudem beherbergt der Park auch ein
einzigartiges Museum – das weltweit
einzige Unterwassermuseum, in dem
Sie durch die im Wasser liegenden Ruinen der antiken Stadt tauchen können.

 Verkehrsmittel

Caesarea ist leicht mit dem **Auto** zu
erreichen – die Fahrt von Tel Aviv dauert ungefähr eine Dreiviertelstunde.
Mit **öffentlichen Verkehrsmitteln** wird
es schon schwieriger: Es gibt eine Zug-
verbindung zwischen Tel Aviv und
Haifa sowie Cäsarea. Vom Bahnhof aus
muss man jedoch ein Taxi nehmen, um
zum Nationalpark zu gelangen.

 Restaurants

€ | **Blue Bus** Ein »off-the-beaten-track«-
Vorschlag. Der Blue Bus in Pardes Hana
(10 km südöstl.) serviert exzellenten
Hummus. Gerne auch mit Fleisch, Au-
bergine oder Pilzen und viel Petersilie.
◼ Derech HaYam 13, Pardes Hana-Karkur,
Tel. 05 23 89 80 35, So–Fr 8–14.30 Uhr
€ | **Tofu An** Das Lokal in Binyamina ist
ein wahrer Geheimtipp und weit über
die Stadtgrenzen des kleinen, un-
scheinbaren Vororts bekannt. Es gilt
bei Insidern als Top-Tipp für authen-
tisch asiatische Küche. Versuchen Sie
z. B. »Agedashi«. ◼ Derech HaAtsmaut
74, Binyamina Giv'at Ada, Tel. 04 84 4
41 40, Mo–Do 12–21, Fr 12–16.30 Uhr

 Kinder

Shefayim Waterpark Der beliebteste
Wasserspielplatz Israels beherbergt einige Restaurants und verfügt über eine
Reihe von Rutschen, Schwimmbäder
und sogar eine Paintball-Ecke. Die Anlage ist zwischen Mai und Oktober in
Betrieb. ◼ Hauptstraße Shefayim, Tel.
09 95 95 7 56, Di, Sa 9–17 Uhr, www.shefa
yim.co.il/engpark.htm

 Sport

In der Nähe Cäsareas befindet sich der
einzige **Golfclub** des Landes. Gegründet 1961 von der Familie Rothschild,
spielt man auf sanften Hügeln mit Blick
auf das Meer. ◼ Cäsarea Golf Club, Zentrum von Cäsarea, Tel. 04 61 09 6 02, Di–So
6.30–18 Uhr, www.caesarea.com

 Entspannung

Außerhalb des Nationalparks liegt der
Aquaduct Beach, einer der besten
Strände des Landes, und tatsächlich
zieht sich ein Aquädukt aus römischer
Zeit am Ufer entlang. Am Wochenende
herrscht hier reges Treiben; es gibt
keine Rettungsschwimmer.

In der Umgebung

Mikhmoret
| Küstenort |
Mikhmoret ist zum einen ein langer Sandstrand, zum anderen das Zuhause der Schildkrötenaufzuchtstation. Hier fließt der Alexander River – ein renaturierter Fluss, der in den Hügeln von Nablus im Westjordanland entspringt. Es gibt Rad- und Wanderwege sowie eine Reihe von Parks, die gerade bei Familien aufgrund der vielen Picknickplätze sehr beliebt sind. Vom Schildkrötenreservat führt der River Trail über 2,7 km entlang des Flussufers.

■ Sea Turtle Rescue Center, Zentrum Mikhmoret, Tel. 098 66 91 73, Besuche nur nach Voranmeldung

Apollonia-Arsuf
| Ruinenstätte |
Apollonia, auch als antike Stadt und Festung von Arsuf bekannt, war einst die Heimat der Perser, Römer und Kreuzfahrer. Arsuf wurde im 6. Jh. v. Chr. von Phöniziern besiedelt und im 12. Jh. schließlich zu einer Hochburg der Kreuzfahrer, die 1265 von den Mauren geschleift wurde. Die Ruinen befinden sich auf einer Klippe, etwa 34 km südlich von Cäsarea, und sind nur mit dem Auto von Israels Küstenstraße aus erreichbar. Für Wanderer gibt es eine rot markierte Route, die der Küste folgt.

■ Apollonia National Park, Arsuf, Tel. 099 55 09 29, tgl. 8–16 Uhr, 22 NIS, erm. 9 NIS

3 Karmel-Gebirge
Drusendörfer und Künstlerkolonien versteckt in Kiefernwäldern

Landeinwärts der Mittelmeerküste erhebt sich der Karmel-Berg mit einer üppigen Flora und Fauna. Hier kann man Spargelpflanzen pflücken oder durch Senfblumenfelder spazieren, hier wachsen wilder Thymian und Minze, Eichen-, Kiefern-, Oliven- und Lorbeerbäume. Diese Mischung ist dafür verantwortlich, dass es im Karmel zu jeder Jahreszeit grün ist und sich die Gegend stets für Outdoor-Aktivitäten eignet.

Da die Kiefernwälder auch im Winter extrem trocken sind, sollte besonders acht gegeben werden: Es besteht starke Waldbrandgefahr. Wenn Sie in Atlit ankommen, machen Sie Halt bei der Festung, dem Château Pelerin, einer Kreuzfahrerburg aus dem 13. Jh., deren Reste aus den Wellen ragen.

Im Blickpunkt

Finden, ernten, trocknen
Minze, Thymian, Rosmarin, Salbei, Zatar – in Israels Natur gedeihen Heilkräuter und Gewürze besonders gut und haben während des ganzen Jahres abwechselnd Saison. Im Frühling blühen im Norden die gelben Senfblumen, Knoblauch und Chili wird im Sommer geerntet, und Petersilie und Koriander finden sich zu jeder Jahreszeit in Hülle und Fülle im Salat. Sheba, Minze und Marwa eignen sich besonders für den Tee, Anis finden Sie im israelischen Arak-Schnaps und Kardamom im arabischen Kaffee. Schlendern Sie durch den Levinsky-Markt im Süden Tel Avivs und probieren Sie alles von Kurkuma bis hin zu Kumin.

Die Höhlen von Nahal Mearot wurden 2012 in das UNESCO-Welterbe aufgenommen

👁 **Sehenswert**

Beit Oren
| Berg |

 Hier erlebt man eine der schönsten Serpentinenstraßen Israels

Wenn man an der Beit Oren Junction auf die Straße 721 abbiegt, windet sich die Strecke in Kurven und Serpentinen durch den Berg und gibt zwischendurch einen Blick auf das Meer frei. Der Wald um den Ort Beit Oren ist voller Quellen und kleiner Bäche wie z.B. dem Kelah-, Sfunim-, Nahal-, Me'arot- oder Yagur-Fluss. Bei einer Wanderung bietet sich ein Bad in einem der sogenannten Offizierspools an. Biegen Sie dafür auf der 721 beim Adam Lake Campground links ab und folgen Sie den Schildern zum Alon-Mountain-Naturreservat. Wenn Sie nun dem Trail zur Hilik-Quelle folgen, gelangen Sie an einen der Naturpools.

Ein Karmel Artist Workshops
| Kibbutz |

Der unscheinbare Kibbutz Ein Karmel macht mit einem großen Hinweisschild an der Küstenstraße auf sich aufmerksam. »Artist Workshops« prangt hier in großen Lettern und verweist auf die faszinierende kibbutzeigene Kolonie mit Werkstätten und Ateliers. Hier werden Instrumente und Möbel hergestellt, es wird geschweißt und gemalt und in Stein gemeißelt. Ein kleines Café und ein ausgezeichneter Hummusstand ohne Namen sowie eine riesige Anzahl an Pfauenvögeln machen Ein Karmel zu einem idealen Stopp auf dem Weg.

Nahal Mearot und Finger-Höhle
| Höhlen |

Prähistorische Funde im Karmel-Gebirge wurden vor allem rund um die Höhlen im Gebirgskamm freigelegt. Diese sind über eine kurze Wanderung

Gefällt Ihnen das?

Sie mochten die Quellflüsse und das Grün im Karmel-Gebirge? Im Norden gibt es noch mehr Frische! Vor allem in den Sommermonaten lohnt sich eine Abkühlung in den Quellflüssen des Jordans wie z. B. im **Nahal Snir** (S. 109) oder **Nahal Dafna** im Golan (S. 109).

einfach erreichbar. Man parkt am Nahal Oren-Parkplatz in der Nähe der Oren-Kreuzung und folgt dem schwarz markierten Pfad zur sogenannten Fingerhöhle (Etzba Cave). Oder Sie wählen die Höhlen beim Nahal Mearot, parken am Besucherzentrum und nehmen (gegen Eintritt) einen Pfad ins Gebirge. Die Theorie, dass Homo sapiens und Neandertaler beide zeitweise nebeneinander lebten, wird durch die Fossilien und Werkzeuge, die hier gefunden wurden, zunehmend akzeptiert.

■ Nahal Mearot Nature Reserve, Tel. 049 84 17 50, tgl. 8–15 Uhr, 22 NIS, erm. 9 NIS

 Verkehrsmittel

Eine Reise ins Karmel-Gebirge macht mit dem **Auto** am meisten Spaß, die Straßen verlaufen sanft und geschwungen. Die Bergdörfer sind mit öffentlichen Verkehrsmitteln nur mühselig zu erreichen. Sollten Sie jedoch mit dem **Zug** anreisen wollen, fahren Sie bis zur Station Atlit und nehmen von dort ein Taxi.

 Restaurants

€ | **Dorf Fureidis** Die beste Adresse für einen Snack auf dem Weg oder ein nahöstliches Mittagessen inklusive Hummus, Falafel, Salaten und Tahini ist das arabische Dorf Fureidis, das direkt auf der Küstenstraße liegt. Unzählige Restaurants – viele ohne Namen – servieren hier rund um die Uhr fabelhaftes arabisches Essen. Parken Sie das Auto in einer Seitenstraße und schlendern Sie einfach mal an den Lokalen vorbei; alle sind eine Empfehlung wert.

 Erlebnisse

Der **Havaiat Harochavim** ist der älteste Reitstall Israels. Hier kann man Ausritte buchen oder Stunden nehmen. ■ Zentrum Beit Oren, Tel. 07 37 59 02 82

 Entspannung

Carmel Forest Spa Resort Hier kann man sich rundum verwöhnen lassen: Sauna, Massagen, chinesische Medizin, Ernährungsworkshops und eine Cocktailbar sind nur ein kleiner Teil des Angebots. Bleiben Sie doch einfach über Nacht, die Gästezimmer sind sehr komfortabel. ■ Zentrum Yaarot HaCarmel HaBonim, Tel. 048 30 78 88, www.isrotelexclusivecollection.com

4 Ein Hod

 Die älteste Künstlerkolonie des Landes mit Skulpturenpark

 Information

■ www.ein-hod.info

Das Dorf liegt auf einem Hügel inmitten von Olivenhainen mit Blick aufs Meer. Hier befand sich einst der palästinensische Ort Ein Hawd. Die Einwohner wurden jedoch im arabisch-israelischen Krieg von 1948 vertrieben, und die meisten siedelten sich im Westjordanland an. Eine kleine Gruppe blieb und bildete nur unweit entfernt ein neues Dorf. Gegründet 1953 von Dada-Künstler Marcel Janco, ist Ein Hod mit Skulpturenpark, Amphitheater, Bücherei, Töpfereien, Künstlerwerkstätten, Schmieden und Schreinereien, Secondhand-Boutique und mehreren Galerien eine etablierte Künstlerkolonie. Unweit des Dorfzentrums findet man außerdem eine kleine Pizzeria, einen Mini-Supermarkt, ein Restaurant und eine Bar. Der Ort besitzt auch zwei Museen und ein Dutzend Gästezimmer, die an Touristen vermietet werden. Die meisten Orte haben nur am Wochenende geöffnet, es lohnt sich also ein Besuch am Schabbat.

■ Ein Hod Artists' Village, Tel. 05 44 811968, www.ein-hod.info, Küstenbahn Station Atlit

 Sehenswert

HaBonim, Newe Yam und Maagan Michael
| Strände |

An den Küstenabschnitten HaBonim, Newe Yam und am Kibbutz Maagan Michael kann man herrlich baden. Die Zugänge zu den Stränden sind jedoch recht versteckt. Man sollte die israelische Verkehrs-App »Waze« zu Rate ziehen und ohne Vierradantrieb keinesfalls ganz bis zum Strand fahren, sondern vor Beginn der Dünenlandschaft parken.

Kein Wunder, dass sich in Newe Yam und Maagan Michael zwei Kibbutzim angesiedelt und ihre Bungalows fast bis in den Sand gebaut haben. Die Strände sind strahlend weiß und im Vergleich zum Trubel am Stadtstrand von Tel Aviv menschenleer. Gerade Wellenreiter und Kitesurfer kommen hier auf ihre Kosten. Der Wellengang ist stärker als an den Stränden im Süden, und trotzdem gibt es kein gefährliches Riff.

Skulptur im sympathischen Künstlerort Ein Hod am Fuße des Karmel-Gebirges

 Restaurants

€ | **Chuchu Bar** Diese Bar, benannt nach dem Künstler und Inhaber Chuchu, ist ein gemütlicher Ort für einen Drink und Salate am frühen Abend. Hier kommt das Dorf Ein Hod zusammen, in Gesprächen mit den Einheimischen lernt man eine Menge über die Region. ■ Ein Hod 1, Tel. 05 59 28 18 01, tgl. 17–24 Uhr

 Wandern

Für einen Spaziergang bietet sich der Wanderweg gegenüber des Besucherparkplatzes von **Ein Hod** an. Vom Gipfel wirft man einen Blick ins Tal und bis zum Meer. Vielleicht begegnen Ihnen frei laufende Kühe und Wildschweine.

Haifa

Blaue Bucht und größter Hafen des Landes

Die Glaubensgemeinschaft der Bahai hat in Haifa ihr geistiges Weltzentrum eingerichtet

ℹ️ Information

■ Tourist Board Haifa, Sderot Ben-Gurion 48, 31000 Haifa, Tel. 04 85 35 606, www.visit-haifa.org/eng, So–Do 9–17, Sa 10–15, Fr 9–13 Uhr
■ Parken siehe S. 43

Haifa scheint an den Hängen des Karmel-Berges hinunterzufließen. Aus den vereinzelten Häusern im Kiefernwald auf dem Gipfel werden plötzlich ganze Nachbarschaften, schließlich Straßenzüge und dann das hell erleuchtete Downtown Haifa mit dem stets geschäftigen Hafen. Das markanteste Wahrzeichen der Stadt ist die goldene Kuppel des Bahai-Schreins inmitten bunter Gartenterrassen. Auf dem Hügel befinden sich auch einige Museen, die größeren und luxuriöseren Hotels und zwei wichtige Universitäten, die vor allem in naturwissenschaftlichen

ADAC Mobil

Die Autobahn Nummer 6 und die Tunnel bei Haifa sind **gebührenpflichtig**. An den Tunneln zahlt man an den Kassenhäuschen, auf der Autobahn Nr. 6 erfolgt die Zahlung automatisch durch ein Kamerasystem am Highway.

Plan
S. 43

Boulevard ist zur Flaniermeile mit Cafés und Restaurants geworden. Am besten beginnt man die Erkundungen auf dem Sderot Ben-Gurion. Die Metronit-Linien 1 und 2 halten direkt an der Ecke.

Beit HaGefen
| Kulturzentrum |

Das arabisch-jüdische Kulturzentrum Haifas ist einmalig im Land: Es beherbergt die Beit HaGefen Gallery für zeitgenössische Kunst, eine Fachbibliothek, ein Jugendzentrum sowie das El-Karama-Theater, das Stücke in arabischer Sprache zeigt. Als Knotenpunkt für den interreligiösen Dialog organisiert das Kulturzentrum darüber hinaus Konferenzen, Themenworkshops, touristische Stadtführungen sowie ein alljährliches Theaterfestival.

■ HaGefen St 2, Tel. 048 52 52 52, www. beit-hagefen.com

Bahai-Schrein
| Heiligtum |

 Vom Terrassengarten die gesamte Bucht Haifas überblicken

Die geometrisch angelegten Blumenterrassen funkeln in allen Farben, während die goldene Kuppel des Schreins in der Sonne glitzert und die Silhouette der Stadt dominiert. Im Vergleich zu anderen Religionen ist der Bahai-Glaube recht neu und wurde vor weniger als 200 Jahren von einem Mann namens Siyyid Ali Muhammad Shirazi aus dem Iran ins Leben gerufen. Die Blumengärten kann man auf eigene Faust und ohne Führung besichtigen. Es gibt aber auch kostenlose Touren für die gesamte Anlage. Die Innengärten schließen

Fächern einen sehr guten Ruf genießen. Am Fuß des Berges ist die restaurierte deutsche Kolonie ein perfekter Ort zum Bummeln und Essen, und es lockt der Stadtstrand Haifas, der Hof HaCarmel.

Sehenswert

① Deutsche Kolonie
| Stadtteil |

Am Fuße der Bahai-Gärten erstreckt sich die deutsche Kolonie, errichtet von den Templern, einer protestantischen Sekte aus Südwestdeutschland. Bis heute finden sich an den Mauern der Häuser Bibelinschriften auf Deutsch. Der Straßenzug um den Ben-Gurion

Die Louis Promenade bietet eine großartige Aussicht über die Hafenstadt Haifa

um die Mittagszeit. Wegen der Kieswege und schier unendlichen Treppen sollte man bequeme Schuhe tragen und in den Sommermonaten Kopfbedeckung und einen Sonnenschutz mitbringen.

■ Bahai Gardens, Yefe Nof St 61, Schrein und Innengärten tgl. 9–12, äußere Gärten tgl. 9–17 Uhr, die Touren finden zu verschiedenen Tageszeiten statt, für genaue Uhrzeiten konsultieren Sie bitte die Webseite: www.ganbahai.org.il/en

Louis Promenade
| Panoramaweg |

Der nur 400 m lange Weg führt durch alle Ebenen von Haifa und ist einer der malerischsten Fußgängerwege mit bester Aussicht. Die Promenade wurde 1992 entlang der Straße Yaffe Nof gebaut und erstreckt sich vom Hotel Nof bis zum oberen Eingang des Bahai-Gar-

tens. Von hier blickt man nach Norden bis nach Akko und bei guten Bedingungen sogar bis zum Berg Hermon.

Hof HaCarmel
| Strand |

Der Stadtstrand Hof HaCarmel an der Westseite Haifas ist sehr leicht zu erreichen. Er verfügt sogar über einen eigenen Stopp auf der Zuglinie von Tel Aviv und ist jederzeit geöffnet und kostenlos. Während der Sommersaison sind zu den angegebenen Zeiten Rettungsschwimmer anwesend.

🚏 Verkehrsmittel

Neben den regulären öffentlichen Verkehrsmitteln wie Bus und Bahn verkehrt in Haifa der Karmelit. Diese unterirdische Seilbahn ist seit ihrer Renovierung 2018 nach einem Feuer wieder in Betrieb und ist eines der kleinsten U-Bahn-Systeme der Welt mit nur vier Wagen, sechs Stationen und einem einzigen Tunnel. Der Karmelit ist

ADAC Mobil

Achtung: Ohne die **Rav-Kav-Karte** kommt man nirgendwo mehr hin, die meisten Busse akzeptieren auch kein Bargeld mehr! Die Smartcard kann man für alle öffentlichen Verkehrsmittel in ganz Israel verwenden. Sie ist am einfachsten an einer der größeren Bahnstationen zu erwerben. Ein erneutes Aufladen ist online auf der Website, in der App, am Automaten in der Station oder an manchen Geldautomaten möglich. Detaillierte Informationen finden Sie auch im Internet unter www.rail.co.il/en/ravkav.

jedoch sehr hilfreich, um die Höhenunterschiede der Stadt komfortabel zu meistern. Touristen haben außerdem in Haifa Vorteile: Die rote Linie des Metronit – das Bus-S-Bahn-System in Haifa – verkehrt auch am Schabbat.

P Parken

Parken in Haifa ist einfach. Es gibt viel Platz und münzbetriebene Parkuhren in der ganzen Stadt. Sie befinden sich entlang der blauen und weißen Markierungen auf dem Bürgersteig.

Restaurants

€€ | **Fattoush Restaurant** Das Fattoush in der deutschen Kolonie ist sowohl Augen- als auch Gaumenschmaus. Filigrane Lampen und Antiquitätenmöbel, ein großer Garten und Wandmalereien zieren das Lokal und gesellen sich zu »allayeh« (gebratene Tomaten mit Fleisch), »makhluta« (Eier mit Gemüse) bis zum berüchtigten »fattoush«-Salat aus geröstetem Pitabrot, Radieschen, Tomaten und Blattgrün. ■ Sderot Ben-Gurion 38, Metronit 1 und 2, Tel. 048524930, tgl. 20.30–1 Uhr, Plan S. 43, c2

Einkaufen

Das Einkaufszentrum **Grand Canyon Haifa** ist das größte Einkaufszentrum im Norden Israels und verfügt über 220 Geschäfte. In der Mall gibt es auch ein großes Spa sowie zahlreiche Restaurants, Cafés und Kinos. ■ Derech Simha Golan 54, Tel. 048145100, www.israelmalls.net, So–Do 10–22, Fr 9.30–14.30, Sa 10.30–22.30 Uhr, Plan S. 43, südöstl. c3

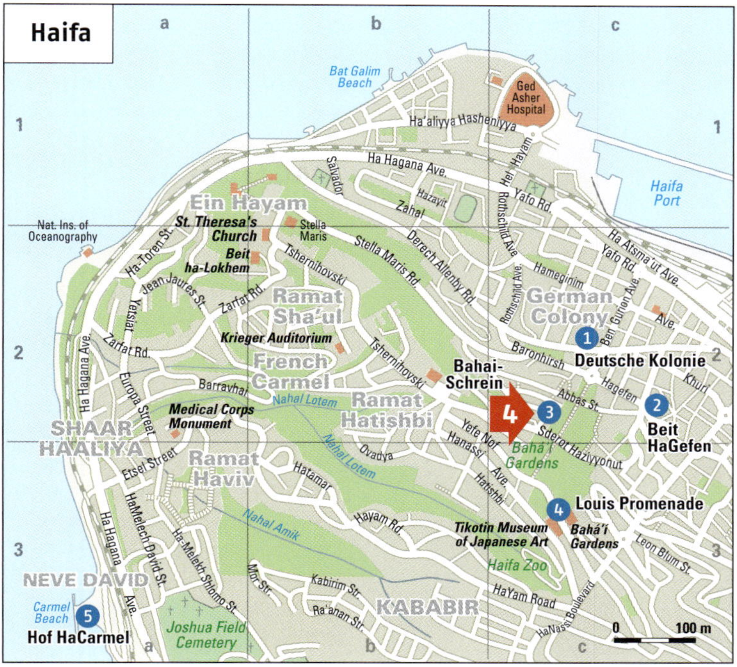
Haifa
a
b
c
1
2
3
Bat Galim Beach
Ged Asher Hospital
Ha'aliyya Hasheniyya
Haifa Port
Ha Hagana Ave.
Salvador
Hazayit
Zahal
Yafo Rd.
Her Hayam
Rothschild Ave.
Ein Hayam
St. Theresa's Church
Stella Maris
Beit ha-Lokhem
Nat. Ins. of Oceanography
Ha-Toren St.
Jean Jaures St.
Tshernihovski
Stella Maris Rd.
Derech Allenby Rd.
Ha Atsma'ut Ave.
Hameginim
Ben Gurion Ave.
German Colony
Zarfat Rd.
Yetsiat
Ramat Sha'ul
Krieger Auditorium
Ha Hagana Ave.
French Carmel
Baronhirsh
Deutsche Kolonie
Khuri
Bahai-Schrein
Hagefen
Abbas St.
Barravhar
Nahal Lotem
Ramat Hatishbi
Medical Corps Monument
Europa Street
SHAAR HAALIYA
Yefe Nof
Hanassi
Sderot Hazionut
Bahá'í Gardens
Beit HaGefen
Etsel Street
Ramat Haviv
Ovadya
Hatamar
Ave.
Hatishbi
Louis Promenade
HaMelech David St.
Ha Hagana
Ha-Melekh Shlomo St.
Nahal Amik
Hayam Rd.
Tikotin Museum of Japanese Art
Bahá'í Gardens
Leon Blum St.
Haifa Zoo
NEVE DAVID
Mor Str.
Kabirim Str.
HaYam Road
HaNassi Boulevard
Carmel Beach
Hof HaCarmel
Joshua Field Cemetery
Ra'anan Str.
KABABIR
0
100 m
1
2
3
4
5

Streetart in Haifa: Die Broken Fingaz Crew verewigte sich an diesem Mauerabschnitt

 Kneipen, Bars und Clubs

Fattoush Bar & Gallery Die kleine Schwester des Fattousch-Restaurants ist die Fattousch Bar am Hafen. Sie ist eines der besten Zeichen dafür, dass Haifa sich neu erfinden will. Auf einer Fläche von rund 650 m² finden regelmäßig Ausstellungen und Performances, Livekonzerte und Partys statt. Ein großer Außenbereich lädt zu einem Drink mit Blick auf den Hafen ein. Das aktuelle Programm wird auf der Facebook-Seite publiziert: www.facebook.com/fattoushbargallery. ■ HaNamal 6, HaAtzmaut Bus 17, 18, 19, Tel. 04 8 81 30 40, tgl. 10–1.30 Uhr, Plan S. 43, östl. c2

 Erlebnisse

Die **Streetart-Szene** aus Haifa kann sich durchaus mit Tel Aviv messen. Bei einem Bummel durch den Hafen und das ihn umgebende Industriegebiet finden Sie Werke der berühmten Broken Fingaz Crew, der Brothers of Light,

von Pilpeled, Tant oder Gida. Eines der bekanntesten Werke der Broken Fingaz Crew befindet sich neben der historischen Hejaz-Bahnstation. Wenn Sie zur Zeit des Walls Festival in Haifa sein sollten, lohnt sich die Teilnahme an einer Street Art Tour (www.wallsfestival.com).

ADAC Wussten Sie schon?

Man spricht von einer **neuen Blütezeit**, einer Renaissance. Haifa mausert sich zu dem, was es einmal war: ein Zentrum palästinensischer Kultur im Nahen Osten. Besuchen Sie Nachtclubs wie das Kabareet oder die Theater Kashabi und Al Midan. In der Fattoush Bar gibt es arabische Küche, in der Beit HaGefen Galerie arabische Kunst. Aktuelle Events und Projekte finden Sie auf den Seiten der Arab Culture Association (www.arabca.net) oder des Arab-Jewish Culture Center unter www.beit-hagefen.com.

Entspannung

Die **Spa G. Colony** ist eine Wellnesserfahrung mit allem Drum und Dran. ■ Sderot Ben-Gurion 25, German Colony Metronit 1, 2, Tel. 04 85 11 33, www.spa-g-colony.com, Mo–Sa 9–21 Uhr

6 Akko

Alte Kreuzrittervergangenheit und erlesener Fischgenuss am Hafen

 Information

■ Acre Visitor Center, Weizman St 1, 24 52202 Akko, Tel. 04 99 56 70 6, www.akko.org.il/en, tgl. 8.30–17 Uhr

In Akko scheint die Zeit stehengeblieben zu sein. Von mächtigen Festungsmauern geschützt, ist der Altstadt ein Großteil ihrer imposanten Architektur erhalten geblieben. Die Kreuzritter errichteten hier geheime unterirdische Tunnel und massive Befestigungsanlagen, die als Bollwerk gegen Eindringlinge zur See und zu Land dienten, und die Osmanen brachten Minarette, Basare und Hamams, und auch die höhlenartigen Ritterhallen wurden von dem Verfall verschont. Der Fisch wird noch heute frisch wie eh und je mit kleinen Kuttern in den Hafen gebracht.

 Sehenswert

Türkischer Basar
| Markt |
Der Türkische Basar im Zentrum von Akko beherbergt Galerien und Souvenirartikel und bietet Schatten. Der Basar wurde Ende des 18. Jh. als städtischer Markt erbaut und war nach dem Krieg von 1948 lange Zeit ungenutzt. Heute beherbergt er vor allem Kunsthandwerksläden mit Schmuck, Schals, Körben, Keramik, aber auch Gewürzshops.
■ HaShuk HaOttomani, Zentrum Altstadt, tgl. 8–18 Uhr

Altstadt
| Stadtteil |
Die Altstadt und der Hafen Akkos strahlen in Weiß und Türkis und sind umgeben von den sandsteinfarbenen Stadtmauern. Immer wieder stolpert man über versteckte Innenplätze und kleine Moscheen. Das Minarett der größten Moschee Israels außerhalb Jerusalems, die Al-Jazzar-Moschee, ist bis heute das Wahrzeichen der Stadt. Al Jazzar selbst entwarf die Moschee im klassischen osmanisch-türkischen Stil und überwachte deren Bau im Jahr 1781. Über die Jahrhunderte ist daraus ein wilder Mix geworden: Die Moschee steht an der Stelle einer ehemaligen Kreuzfahrerkathedrale, deren Keller von den Osmanen als Zisterne genutzt wurde.
■ Al Jazzar Mosque, Al Jazzar St, tgl. 8–18 Uhr, geschl. zu Gebetszeiten, 10 NIS

Templertunnel
| Ausgrabungsstätte |
Der 350 m lange unterirdische Tunnel wurde von den Tempelrittern im 12. Jh. gegraben und diente ihnen als strategischer Durchgang, der die Festung insgeheim mit dem Hafen verband. So konnte man bei Bedarf schnell flüchten oder ungesehen Waren vom Hafen zur Stadt transportieren. Der Tunnel wurde erst 1994 zufällig entdeckt. Seitdem wurde er freigelegt und der Öffentlichkeit zugänglich gemacht. Man kann an jedem der beiden Enden eintreten.
■ Templars' Tunnel, Ha-Hagana St, Tel. 04 98 13 65 1, Sa–Do 9–19, Fr 9–17 Uhr, 47 NIS, erm. 40 NIS

Restaurants

€ | **Hummus Sohil** Die absolut beste Anlaufstelle im Shuk. Die Betreiber geizen nicht mit dem eingelegten Gemüse (»chamutz«) und ebenso wenig mit dem Olivenöl. ■ Salah ad Din St 14, Tel. 049817318, tgl. 8–17 Uhr

€ | **Turkiz** Der Name leuchtet ein: In der Tat sind alle Türen in dieser Straße türkis. In dieser wunderschönen Kulisse serviert das Bistro ein großes mediterranes Frühstück, warmes Pita-Brot und frische Salate. ■ Rehov Julius Keisar Nr. 2, Tel. 046021200, tgl. 10–23 Uhr

€€ | **Flooka Seafood** Das familiengeführte Restaurant, in dem der Besitzer Sie gerne mal persönlich begrüßt, überzeugt mit erstklassigen Fischgerichten, schlichtem Dekor und einem herzlichen Empfang. ■ Salah ad Din St 22, Tel. 0508919370, tgl. 12–14 Uhr

 Cafés

Abd Al Hadi Bäckerei und Pâtisserie mit einem nicht enden wollenden Angebot an »baklava«, »knaffeh« und schwarzem Kaffee. ■ Sh'Hada St 3, Tel. 048521905, tgl. 9–23 Uhr

 Einkaufen

Gerade der **Shuk** und seine Umgebung bieten sich für einen ausgedehnten Einkauf an. Im Bader-Kaffeestand etwa finden Sie arabischen Kaffee mit viel Kardamom als Mitbringsel für die Daheimgebliebenen. Bei Art192 gibt es Keramik, Glasarbeiten und Töpferei. Die Galerie ist ein Zusammenschluss von zehn Künstlerinnen aus Galiläa, die viele ihrer Werke aus recycelbaren Materialien herstellen. Wer Lust auf Süßes hat, wird am Fenster der Kasash-

Bäckerei nicht vorbeigehen können. Dies ist eine gute Adresse für erlesenen Honig und leckere Pistazien.

 Erlebnisse

In Akkos **Marina** ankern ein Dutzend Kutter, mit denen man gegen eine kleine Gebühr Akko mit dem Boot erkunden und die gewaltigen Stadtmauern vom Wasser aus bewundern kann. Die Fahrt dauert ungefähr eine halbe Stunde und führt an der Ufermauer vorbei bis zum Leuchtturm. Die Boote verkehren in unregelmäßigen Abständen und warten immer, bis sie ganz voll sind. Am besten fragt man sich durch, eine Fahrt kostet rund 10 NIS.

 In der Umgebung

Shave Zion
| Strand |
Shave Zion gilt als einer der saubersten Strände des Landes und erstreckt sich unweit von Akko und Nahariya. Damit ist dieser Uferabschnitt auch mit dem Zug und einem Taxi bequem zu erreichen. Wer den Rückweg am Abend antritt, sollte einen Stopp an der Para Bar mit ihrer urigen Kulisse am Eingang zum Moshav einlegen (Derech HaYam, Shave Zion, Tel. 0527765869, www.parabar.co.il, tgl. 21–3 Uhr).

Klil
| Ökodorf |
14 km östlich von Nahariya, wurde Klil 1978 als ökologische Siedlung erbaut, in der sich fast alle Familien mit nachhaltiger Landwirtschaft beschäftigen. Klil besucht man am besten am Wochenende – viele Läden und das Café sind nur dann geöffnet. Am Eingang bietet ein kleiner Shop Honig, Seifen und

Mächtige Festungsanlagen umgeben die einst bedeutende Kreuzfahrerstadt Akko

Olivenöl aus der Region sowie allerlei biologisch angebautes Gemüse aus dem Dorf selbst an. Landesweit bekannt ist vor allem das Buddhistische Meditationszentrum Meshiv Nefesh. Auskunft zu Kursen und Programm holt man telefonisch ein (Tel. 05 24 80 42 27) oder findet sie unter www.mas hivnepheshclil.wordpress.com.

Gefällt Ihnen das?

Sie mochten die Heilpraktiker und Wellnessangebote in der Hippie-Kolonie Klil? Dann schauen Sie sich ebenfalls im Vegetarierdorf **Amirim** (S. 114) um. Neben Detox und Meditation gibt es außerdem noch eine wunderbare Aussichtsplattform, von der man das gesamte Galil-Tal überblickt.

Montfort
| Burgruine |

Die Burgruine Montfort ist ein beliebtes Ziel für einen Wochenendausflug und kleine Wanderungen. Die Kreuzfahrerburg, deren Name aus dem Französischen kommt und übersetzt »starker Berg« bedeutet, liegt inmitten einer einzigartigen Natur. Hier fließen die Ein-Tamir-Quelle und der Nahal Kziv, einer der schönsten Bäche Galiläas, der von kleinen Fischen bevölkert wird, die sich sehr über die Hornhaut von menschlichen Füßen freuen. Montfort ist nur zu Fuß erreichbar, aber die Wanderung lohnt sich. Außerdem wird man mit einem atemberaubenden Blick belohnt. Biegen Sie vom Highway 70 rechts bei Wadi Kziv ab und folgen Sie den grün-weißen Markierungen. Achtung, die Straße ist an manchen Stellen sehr renovierungsbedürftig.

Übernachten

Die Mittelmeerküste bietet eine vielfältige Auswahl für das Dach über dem Kopf. Vor allem in Tel Aviv ist – wenn auch etwas teuer – für jeden etwas dabei, von der Luxusherberge bis zur Backpacker-Unterkunft. Im Norden wird viel Wert auf Erholung gelegt. In ländlichen Gegenden lohnt es sich in Israel immer, einen Blick auf die Privatunterkünfte zu werfen. In Israel »zimmerim« genannt, handelt es sich dabei oft um schön in der Natur gelegene Gästezimmer (www.zimmeril.com).

Tel Aviv-Jaffa 18

€ | **Postel** Beste Anlaufstelle für Individualreisende mitten in Jaffa zwischen Strand und Sderot Yerushalayim Boulevard. Großer Gemeinschaftsbereich mit ausgesuchtem modernen Design, gut ausgestatteter Küche, Dachterrasse, Bar und Co-Working-Space. Dorms, Einzel- und Doppelzimmer; auch Langzeitaufenthalte sind möglich. ■ Ha-Do'ar St 10, 6802106 Tel Aviv-Jaffa, Tel. 05 86 36 19 19, www.the-postel.telavivhotelsisrael.com

€€ | **BY 14 €€** Dieses Hotel der Savoy-Kette setzt auf Modernität und Hipster-Design. Stylische Rennräder und kleine Kakteen zieren die Wand, Fitnessstudio, Spa und Lounge locken Millennials und Geschäftsreisende. Natürlich Highspeed-Internet in jeder Ecke, Work Lounges, Konferenzräume, gelegentlich Yoga-Kurse und Meditation. ■ Ben Yehuda St 14, 6343272 Tel Aviv-Jaffa, Tel. 03 6 28 88 88,www.savoyhotels.co.il

€€ | **Fabric Hotel** Zentral gelegen, ist das Fabric Hotel die richtige Anlaufstelle für alle, die mitten im Trubel Tel Avivs wohnen möchten. Das Haus ist urban, schick und hat eine tolle Dachterrasse, auf der man faulenzt und einen Drink einnimmt. Zum Hotel gehört auch eine angesagte Bar, das Bushwick, mit einer langen Cocktailkarte. ■ Nahalat Binyamin St 28, 6523126 Tel Aviv-Jaffa, Tel. 03 5 67 80 00, www.atlas.co.il/fabric-hotel-tel-aviv

€€ | **Sam & Blondi** In einem frisch renovierten, gelb leuchtenden Gebäude im Jugendstil eröffnete das brandneue Sam & Blondi. Zentraler und moderner kann man in Tel Aviv wohl kaum nächtigen. ■ Shenkin St 20, 6523126 Tel Aviv-Jaffa, Tel. 03 6 79 50 30, www.samandblondi.com

€€€ | **Isrotel** Die Luxusadresse direkt am Strand: Der Turm des Isrotel prägt die Skyline der Stadt. Vom Swimmingpool auf der Dachterrasse blickt man über die ganze Länge der Küstenlinie. Gordon Beach und Frishman Beach sind nur eine Minute Fußweg entfernt, und natürlich gibt es alles, was das Komfortherz begehrt: Lounge, Bar, Suiten, ein Restaurant sowie ein mehr als üppiges Frühstücksbüfett. ■ HaYarkon St 78, 6345115 Tel Aviv-Jaffa, Tel. 035 11 36 36, www.isrotel.com

€€€ | **The Norman** Luxus pur bietet dieses stilvolle Boutique-Hotel im Bauhaus-Viertel mit zwei preisgekrönten Restaurants, einer eleganten Hotelbar, Dachterrasse und Gartenanlage, Swimmingpool und Spa. ■ Nachmani St 23–25, 6579441 Tel Aviv-Jaffa, Tel. 035 43 55 55, www.thenorman.com

Karmel-Gebirge 36

€€ | En-Hod-Gästezimmer In der Künstlerkolonie wohnt man am besten privat. Das ist auch ganz einfach – das Dorf hat nämlich selbst eine Liste mit Gästezimmern und Privathäusern zusammengestellt: www.ein-hod.info/rent/rent.htm. Zudem sind in dieser Region auch eine große Anzahl an privaten »zimmerim« vorhanden (www.zimmeril.com).

Haifa 40

€€ | Schumacher Hotel Mitten in der Deutschen Kolonie gelegen, stellt das Schuhmacher Hotel eine gelungene Kombination aus historischer Außenfassade und modernem Interieur dar. Der Garten verwandelt es in eine grüne urbane Oase. Man kann zwischen Einzel- und Doppelzimmern sowie Suiten wählen. ◼ Lokhamei HaGetaot St 25, 3502322 Haifa, Tel. 04 88 06 07 0, www.the-schumacher.com

€€€ | Dan Panorama Haifa Der Hotelklassiker mit weiter Sicht bis zum Horizont: Das Dan Panorama liegt auf dem Gipfel des Berges und ist eine Institution der Stadt. Mit fast 300 Zimmern blickt man vom Hotelkoloss hinunter auf den Hafen, die Bucht und an guten Tagen sogar bis nach Akko. Es gibt alle Annehmlichkeiten und Fenster bis zum Boden. ◼ HaNassi Boulevard 107, 3502322 Haifa, Tel. 04 83 52 22 2, www.danhotels.com

Akko 45

€ | Eco Akko Hostel Eine bessere Location kann man kaum haben: Mitten in der Altstadt und unweit des Hafens liegt dieses zweistöckige Hostel. Es verfügt über mehrere Balkone, eine Dachterrasse, eine gut ausgestattete Küche und eine Waschmaschine mit Trockner. Es gibt eine Klimaanlage, und überall ist WLAN verfügbar. ◼ Salah ad Din St/Ha Rav Khayim Parkhi, 2430122 Akko, Tel. 04 88 15 77, https://ecoakkoil.wixsite.com/ecoakko-1

€€ | The Grape House Wer auf der Suche nach einer preisgünstigen Unterkunft ist und statt orientalischem Flair ein modernes Design bevorzugt, trifft mit dem Grape House die richtige Wahl. Alles ist neu, die Lage ist top, die Zimmer haben einen Balkon, und jeden Morgen gibt es ein kontinentales Frühstück mit allem Drum und Dran. ◼ Louis HaTshi'st, 24124 Akko Altstadt, Tel. 05 45 50 22 16, https://the-grape-house-akko.hotel-mix.de

€€€ | Efendi Hotel Hier fühlt man sich wie ein Sultan. Unter dickem Naturstein residiert man in einem ehemaligen Palast aus dem Osmanischen Reich mit angrenzenden Kellergewölben aus der Kreuzfahrerzeit. Mit Wandmalereien, Mosaiken, dramatischen Torbögen, restaurierten Deckengemälden und Hamam ist das Efendi selbst unter den Boutique-Hotels eine Klasse für sich. ◼ Louis IX St, P.O.B 2503, 24124 Akko Altstadt, Tel. 07 47 29 97 99, www.efendi-hotel.com

⑥ **€€€ | Hotel Nea** Das Hotel bei Nahariya und am Strand von Shave Zion (7 km nördl. von Akko) bietet vor allem Wellness und Natur. Direkt am Meer gelegen, punktet das Haus mit einem großen Gartenbereich, Restaurant und Ruhezonen, einem Pool und einem schier endlosen Angebot an Spa-Programmen. Die hoteleigene Bar ist in einen Fikusbaum gebaut. ◼ HaEla St 3, 2280600 Shavei Zion, Tel. 04 99 58 88 8, www.nea.co.il

Jerusalem und das Tote Meer

*Im Judäischen Bergland erzählt Jerusalem von Religion und Mensch-
heitsgeschichte, tief unten das Tote Meer von den Wundern der Natur*

Die heilige Stadt, Al Quds, die 1000-
jährige Stadt – Jerusalem hat viele
Namen, und Völker aus jeder Himmelsrichtung haben ihr ihren Stempel auf-
gedrückt. Immer wieder wurde Jerusalem zerstört, immer wieder wurde es
aufgebaut. Geschichtsfans sind hier in
ihrem Element, denn hier fällt man un-
beschwert von einem Jahrhundert ins
nächste. Doch auch in der heiligen Stadt
gibt es ein modernes Leben und norma-
len Alltag. Außerhalb der Mauern der
Altstadt tobt das irdische Leben.

Nicht weit vom heiligen Wirrwarr Jerusalems – genau genommen nur eine
knappe Stunde – entfernt wartet das
nächste Wunder. Der tiefste Punkt der
Erde, meist ganz in blauen und violet-
ten Schwefeldunst getaucht, ist einer
der einzigartigsten Orte Israels. Hier
erstreckt sich das Tote Meer, ein Salzsee, in dessen Gewässern kein einziger
Fisch überleben kann. Dafür kann man
an der Wasseroberfläche schweben,

sich mit dem heilenden Schlamm ein-
reiben oder ein Bad in einer der heißen
Quellen nehmen. Einige Oasen sind
nicht fern, und auch das UNESCO-Weltkulturerbe Masada ist nur einen Katzensprung entfernt. Wer früh aufsteht,
kann von dort den Sonnenaufgang
über dem Toten Meer und den Bergen
von Jordanien in der Ferne erleben.

In diesem Kapitel:

ADAC Top Tipps:

Klagemauer, Jerusalem
| Heiligtum |
Die wichtigste Stätte für das jüdische
Volk befindet sich in der Altstadt von
Jerusalem und wird jedes Jahr von
Tausenden Menschen besucht. Gebete
und Gedanken werden entweder laut
gesprochen oder als kleine Zettelchen
ins Mauerwerk gesteckt. 53

Felsendom, Jerusalem
| Moschee |
Der Felsendom mit seiner goldenen
Kuppel ist nach Mekka und Medina
die drittheiligste Stätte des Islam.

Hier ist laut islamischer Tradition der Prophet Mohammed in den Himmel aufgestiegen. 56

 Totes Meer
| Natur |
Etwas mehr als eine Stunde von Jerusalem entfernt ist das Tote Meer so salzhaltig, dass Salzkristalle auf der Oberfläche schweben und jeder, der dort baden geht, augenblicklich ganz oben schwimmt. 65

ADAC Empfehlungen:

 Via Dolorosa, Jerusalem
| Straßenzug |
Auf der Via Dolorosa entdeckt man das Zentrum Jerusalems auf den Spuren von Jesu Christi Leiden. 56

 Machane Yehuda, Jerusalem
| Markt |
Jerusalem abseits der Altstadt kennenlernen: Der Machane-Yehuda-Markt ist das Herz des modernen Jerusalem und voller Farben und Gerüche. 60

 Mea Shearim, Jerusalem
| Stadtviertel |
Schlendern durch das ultraorthodoxe jüdische Stadtviertel der Hundert Tore, das teils wie ein altes Schtetl wirkt, ist wie eine Reise durch die Zeit. 60

 Ölberg, Jerusalem
| Aussichtspunkt |
Zehn Gehminuten von der Altstadt erhebt sich der Ölberg und ist der ideale Aussichtspunkt auf die Stadt. 62

 En Bokek, Totes Meer
| Strand |
Der südliche Strand des Toten Meers bietet vor allem erstmaligen Besuchern eine gute Infrastruktur. 65

7 Jerusalem

Die heilige Stadt, verehrt von Juden, Muslimen und Christen

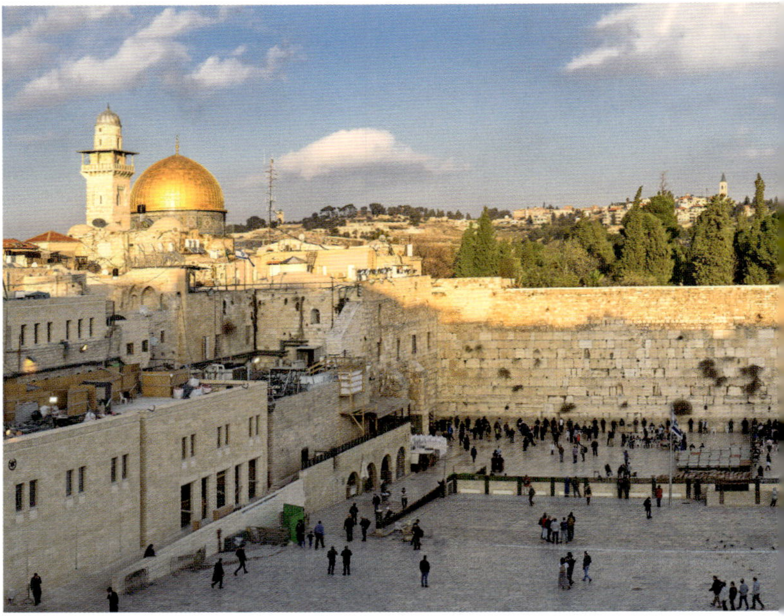

Die Klagemauer im Licht der untergehenden Sonne, dahinter erstreckt sich der Tempelberg

Information

- Tourist Information Center, Omar Ibn Katab/Latin Patriachate St, 9085100 Jerusalem, Tel. 026 27 14 22, https://info.goisrael.com/de, Sa–Do 8.30–17, Fr 8.30–13.30 Uhr
- Für erste Reisepläne ist I Travel Jerusalem sehr empfehlenswert: www.itravel jerusalem.com

Der Grundstein Jerusalems wurde vor rund 6000 Jahren um die Gihon-Quelle – heute östlich der alten Stadtmauer – gelegt. Es war zunächst ein kleiner Zusammenschluss von Völkern, die sich alle mit Landwirtschaft beschäftigten. Im frühen ersten Jahrtausend v. Chr., vor etwa 3000 Jahren, gründete dann, so sagt es die Bibel, König David hier ein Königreich namens Judäa – mit Jerusalem als Hauptstadt. Seitdem kamen viele Herrscher aus aller Herren Länder. Das jahrtausendalte Zusammenwirken von Assyrern, Babyloniern, Römern, Makkabäern, Juden und Arabern zeigt, welche spirituelle und machtpolitische Anziehungskraft Jerusalem von jeher auf die Menschen ausgeübt hat.

Außerhalb der Altstadt zeigt sich Jerusalem weltgewandt und ehrgeizig: Hier befinden sich bedeutende Universitäten, hier verkehrt die einzige Straßenbahn Israels, während mehrere Zeitungshäuser ihren Sitz in Jerusalem

**Plan
S. 54/55**

zigen Verkehrsmittel sind der gelegentliche Eselreiter, die zweirädrigen Holzkarren sowie die winzigen Traktoren, mit denen die Waren im muslimischen Viertel transportiert werden.

 Sehenswert

 Klagemauer
| Heiligtum |

 Die letzte Mauer des zweiten Tempels von Jerusalem

Die Klagemauer ist die westliche Stützmauer des ehemaligen Tempels und der heiligste Ort für das jüdische Volk. Zweimal haben sie ihren Tempel aufgebaut, zweimal wurde er zerstört. Tausende von Menschen reisen jedes Jahr zur Mauer, um Gebete zu rezitieren, Bar Mitzwa zu feiern oder Bitten in die Ritzen der Mauer zu stecken. Die Wand ist in zwei Abschnitte unterteilt, einen Bereich für Männer, einen anderen für Frauen. Auch Menschen nichtjüdischen Glaubens sind eingeladen, die heilige Mauer zu berühren – man sollte sich aber entsprechend kleiden und Fotos nur diskret machen.

■ Kotel, Jüdisches Viertel, 24 Std. geöffnet, Eintritt frei

haben. Und natürlich tagt hier die Knesset, das israelische Parlament.

Altstadt

Innerhalb der Stadtmauern liegen die heiligsten Stätten von drei Weltreligionen

Die von hohen Stadtmauern umgebene Altstadt Jerusalems ist ein rund 1 km² großes Areal, aufgeteilt in ein jüdisches, muslimisches, christliches und armenisches Viertel. Acht Stadttore führen ins Innere und zu den wichtigsten Sehenswürdigkeiten von Jerusalem wie Felsendom, Klagemauer oder Grabeskirche. Fahrzeuge haben in den engen Gassen keine Chance – die ein-

 Aish-HaTorah-Gebäude
| Aussichtspunkt |

Wer fern des Trubels einen guten Blick auf die Klagemauer erhaschen will, wird diesen Geheimtipp wertschätzen: Vom Dach des Aish HaTorah Building kann man über das gesamte Areal und den Tempelberg blicken.

■ Aish HaTorah World Center, HaTamid St 6, Jüdisches Viertel, So–Do 9–18 Uhr, 15 NIS

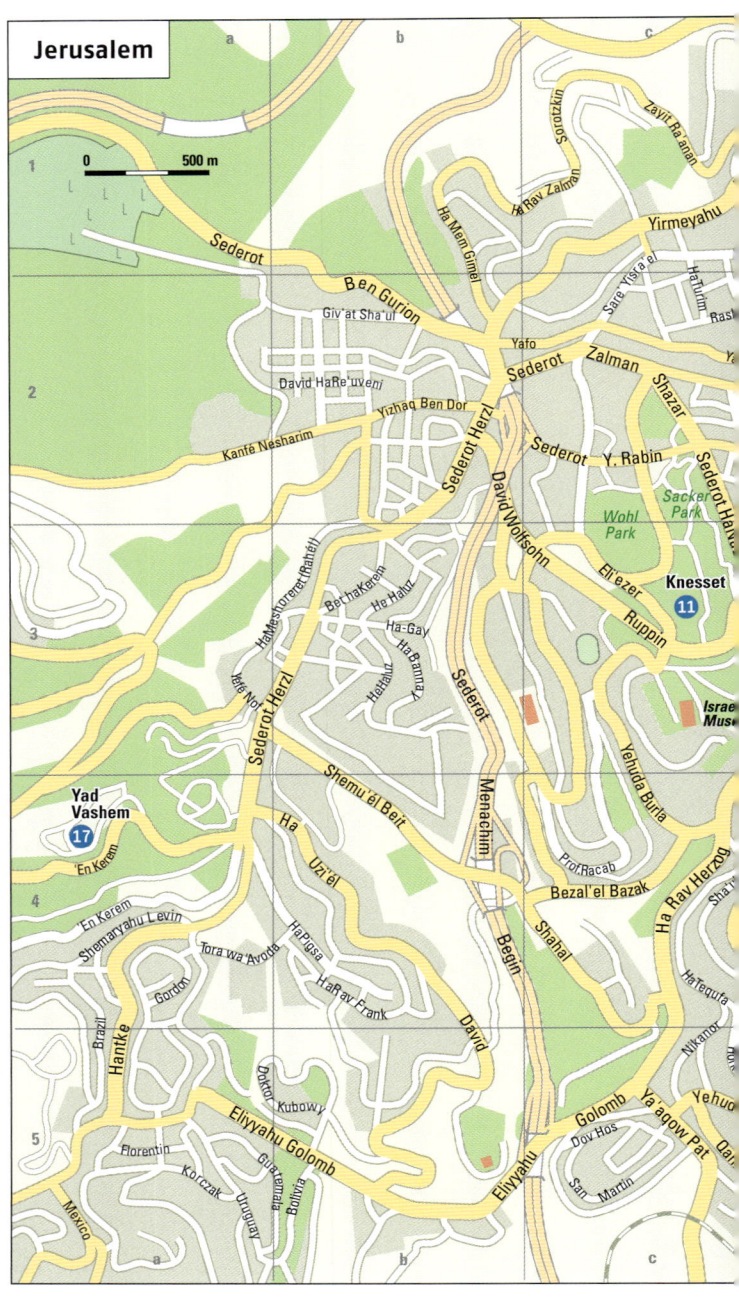

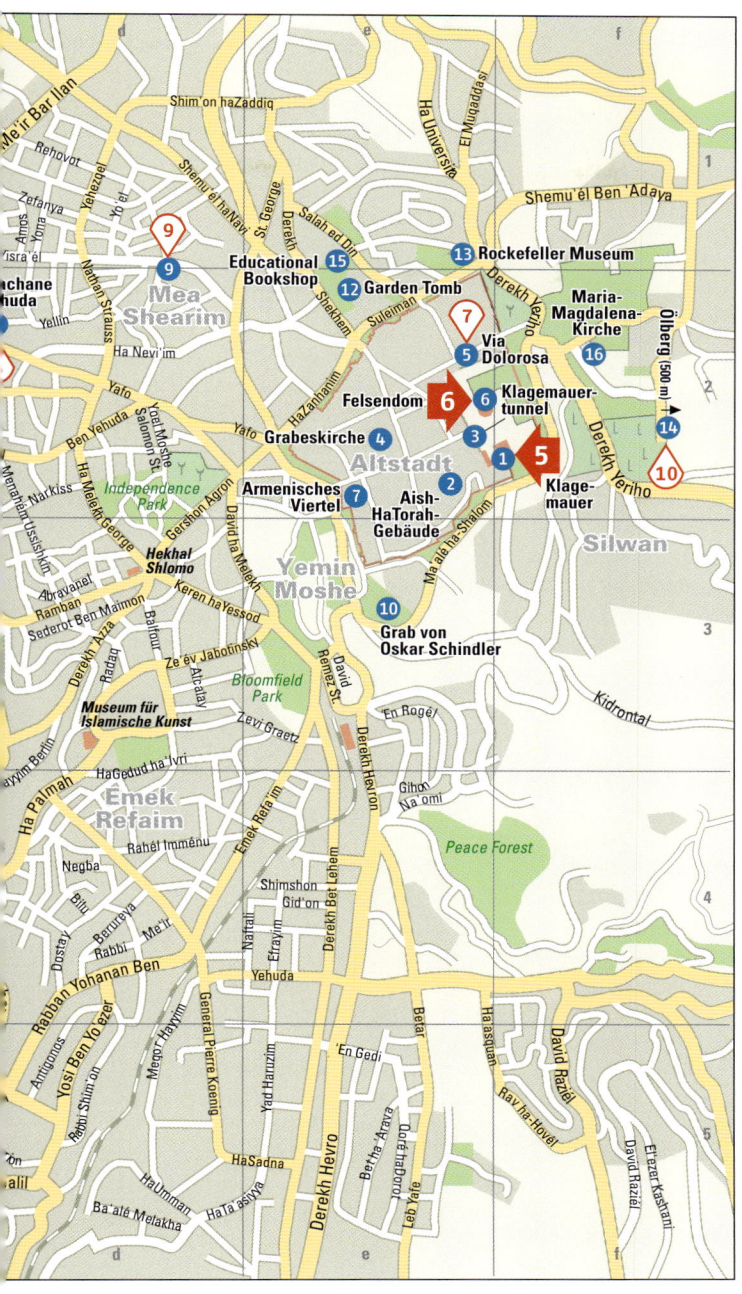

55

ADAC Wussten Sie schon?

Auf manch einen mag die israelische Baukunst einförmig wirken – auf andere kohärent. Das liegt am unverwechselbaren Sandstein, dem **Jerusalem Stone**, aus dem der Tempel und damit die Klagemauer erbaut worden sein sollen und der damit auch im israelisch-palästinensischen Konflikt eine Rolle spielt. Sogar im Ausland wird er in jüdischen Gebäuden und bis heute beim Bau von Synagogen – als Anlehnung an die Klagemauer – verwendet.

Klagemauertunnel
| Ausgrabung |

Im Jahr 19 v. Chr. nahm König Herodes die Herausforderung an, das Areal des Tempelbergs zu vergrößern. Übrig geblieben von diesem Bauprojekt ist nur noch ein fast 500 m langer unterirdischer Tunnel, der sich über die gesamte Länge der Klagemauer erstreckt. Den Eingang findet man links neben der Klagemauer, eine Tour muss weit im Voraus organisiert werden.

■ Western Wall Tunnel, So–Do 8–17, Fr 8–12 Uhr, 30 NIS, erm. 15 NIS

 Grabeskirche
| Kirche |

Auf einem Hügel Jerusalems, auch bekannt als Golgatha, befindet sich der heiligste Ort der Christenheit. Die Grabeskirche ist sowohl Kirche als auch Schrein. Sie ist Ort der Kreuzigung, des Begräbnisses und der Auferstehung Jesu Christi. Fünf verschiedene christliche Gemeinschaften teilen sich den heiligen Ort: Die römisch-katholische Kirche, die griechisch-orthodoxe, die koptische, die syrisch-orthodoxe und die armenische Kirchengemeinde beanspruchen alle eine eigene Ecke im Kirchenschiff. Das Grab wird täglich von jeder Glaubensgemeinde besucht und geehrt. Die genauen Uhrzeiten der Weihen finden Sie unter: www.holysepulchre.com/visiting.htm.

■ The Holy Sepulchre, Saint Helena St, Christliches Viertel, Tel. 06 27 33 14, www.holysepulchre.com, tgl. 5–19 Uhr, Eintritt frei

Via Dolorosa
| Pilgerweg |

 Hier wandelt man auf den Spuren des Leidenswegs von Christus

Keine Pilgerfahrt ohne die Via Dolorosa. Der sogenannte Prozessionsweg ist ein Muss für jeden gläubigen Christen und gilt als – wenn auch bis heute nicht belegt – der Weg, den Jesus vom Amtssitz des römischen Statthalters Pontius Pilatus zur Hinrichtungsstätte am Hügel Golgota genommen hat. Der 600 m lange Weg verläuft in 14 Stationen von der Antonia-Festung – wo Jesus zum Tode verurteilt wurde – bis zur Grabeskirche. An der Touristeninformation am Jaffa-Tor erhält man eine genaue Karte des Wegverlaufs und kann ihn so bequem auf eigene Faust erkunden.

Felsendom
| Moschee |

 Die drittheiligste Stätte des Islam und Wahrzeichen Jerusalems

Der Felsendom mit seiner glänzenden, goldenen Kuppel ist nach Mekka und Medina die drittheiligste Stätte des Islam und eines der bekanntesten Wahrzeichen der Stadt. Errichtet 687 n. Chr., befindet sich der älteste islamische Sakralbau in unmittelbarer Nähe der Klagemauer und gilt nach volkstümlicher jüdischer Tradition als der Fels, auf dem die Welt gegründet wurde und nach islamischer Tradition als einer der Orte, an dem der Prophet Mohammed zum Himmel aufgefahren sein könnte. Kein Wunder, dass das Gebiet immer wieder für Kontroversen sorgt und ein Brennpunkt des israelisch-palästinensischen Konflikts ist. Neben dem Felsendom, ebenfalls auf dem Tempelberg, liegt die Al-Aqsa-Moschee mit ihren vier Minaretten. Der Besuch ist Nicht-Muslimen nicht gestattet.

Es lohnt sich, eine halbe Stunde vor den Öffnungszeiten zu kommen, da man sonst wegen der langen Schlange eventuell nicht hineinkommt. Symbole oder Literatur anderer Religionen als dem Islam sind nicht erlaubt. Schultern und Beine bis zu den Knöcheln bedecken!

■ Dome of the Rock und Al-Aqsa Mosque, tgl. 7.30–11, 13.30–14.30 Uhr, Eintritt frei

Armenisches Viertel
| Stadtteil |

Neben den lauten jüdischen, christlichen und muslimischen Vierteln mit ihren imposanten Heiligtümern und geschäftigen Märkten liegt etwas abseits und versteckt das armenische Viertel mit seinen kleinen Klöstern, Kirchen und Keramikläden. Das Museum des sogenannten Armenian Compound dokumentiert die Geschichte des Viertels und zeigt liturgische Gewänder armenischer Geistlicher und religiös motivierte Kunstwerke. Ebenfalls im armenischen Viertel, in der Nähe des Zion-Tors, befindet sich die St.-Jakobus-Kathedrale aus dem 12. Jh. mit ihren unzähligen Weihrauchpendeln und einem Bodenmosaik.

Verkehrsmittel

Unzählige Wege führen in die Jerusalemer Altstadt. Der neue **Expresszug** aus Tel Aviv stoppt am Ben-Gurion-Flughafen und verkehrt dann weiter bis zur Jerusalemer Itzchak Navon Station, von der die Straßenbahn Nr. 1 den Berg hinunter drei Stationen in Richtung Altstadt fährt. Eine weitere Möglichkeit ist ein **Sammeltaxi** (Monit Sherut), das

In der Mitte des Tempelbergs erhebt sich der Felsendom mit seiner goldenen Kuppel

In den engen, kopfsteingepflasterten Gassen des Armenischen Viertels

von der zentralen Busstation in Tel Aviv startet und in der Hanevim-Straße vor dem Damaskustor in Jerusalem hält.

 Parken

Wer mit dem Auto nach Jerusalem fährt, sollte sich der Altstadt über das Jaffator nähern und im **Mamilla Parkhaus** parken. ■ Sderot Alrov Mamilla 8, Tel. 026 36 00 00, tgl. 6–2 Uhr, 1. Std. kostenlos, pro Std. 12 NIS

 Restaurants

€ | **Arafat Hummus** Arafat ist ein Geheimtipp im arabischen Viertel der Altstadt. Das Lokal punktet mit Hummus mit viel Öl, knusprigem Brot und einem perfekten Preis-Leistungs-Verhältnis. Von dort geht die Reise weiter ins jüdische Viertel, die Klagemauer liegt um die Ecke. ■ Shuk HaBasamim, So–Do 8–14 Uhr, Plan S. 54/55, e2

€€ | **The Quarter Café** In den engen Gassen der Altstadt ist der offene Platz der Tiferet-Israel-Straße eine willkommene Abwechslung. Hier befinden sich mehrere überdachte Cafés und Restaurants, so auch das Quarter Café. Das koschere Lokal ist nicht nur für seinen imposanten Ausblick, sondern auch den mehr als freundlichen Service bekannt. ■ Tiferet Israel St 11, Tel. 026 28 77 70, www.quarter-cafe.co.il, So–Do 11–20 Uhr, Plan S. 54/55, e2

 Cafés

Christ Church Coffee Shop Direkt am Jaffator – mit Klimaanlage und schattigen Patio – befindet sich das Café und Informationszentrum der Christ Church. Hier gibt es frische Säfte, Bibelsprüche und Kaffee. Auch für Nicht-Christen ist es eine Oase der Ruhe. Der Übergang zur Kirche verläuft direkt vom Innenhof, das Christian Info Center liegt nebenan, und Gästezimmer gibt es auch. ■ Jaffa Gate/Omr Ben Khatab St, Tel. 026 277 27, Mo–Sa 9–20, So 9–16 Uhr, Plan S. 54/55, e2

Einkaufen

Jafar Sweets Eine große Auswahl an Gebäck, Süßigkeiten und Gewürzen gibt es bei Jafar Sweets im arabischen Viertel. In den rund 60 Jahren seines Bestehens hat Jafar mittlerweile expandiert und auch in Ramallah und Beit Hanina eine Filiale eröffnet. Ein paar Schritte weiter stößt man auf das dazugehörige Café. ■ Khan Al Zeit St 40–42, Muslimisches Viertel, Sa–Do 8–19 Uhr, Plan S. 54/55, e2

Sandrouni Armenian Art Center Bei George und Dorin Sandrouni findet man Keramik in allen Formen und Farben. Es gibt zudem einen Showroom, und man kann einen Blick in die Werkstatt werfen. Es lohnt sich allerdings auch, die St. Mark Street am Jaffator aufzusuchen. Hier lassen sich ebenfalls schöne Töpferwaren und Keramik erstehen. ■ Center for fine quality Armenian Ceramics, The New Gate, Tel. 02626 3744, www.sandrouni.com, Mo–Fr 10–17 Uhr, Plan S. 54/55, e2

 Kinder

Jerusalem Biblical Zoo Der Tisch Family Zoological Biblical Garden zeigt Wildtiere, von denen viele in der hebräischen Bibel beschrieben werden und die heute vom Aussterben bedroht sind. Der Zoo ist bekannt für seine Bemühungen bei der Erhaltung gefährdeter Arten. ■ Derech Aharon Shulov 1, Tel. 02675 0111, www.jerusalemzoo.org, So–Do 9–18, Fr 9–16.30, Sa 10–18 Uhr, 55 NIS, erm. 42 NIS, Plan S. 54/55, südwestl. a1

 Events

Palmsonntag Die katholische Prozession am Palmsonntag – dem Sonntag vor Ostern – vom Ölberg zur St.-Anna-Kirche ist einer der farbenfrohsten Pilgermärsche Jerusalems. An diesem Tag wird des Einzugs Jesu Christi in Jerusalem gedacht. Die Bibel überliefert, dass seinerzeit das Volk ihm zu Ehren Palmzweige schwenkte.

Jerusalem Film Festival Das internationale Filmfestival in Jerusalem ist das größte und renommierteste Ereignis des Landes für Filmenthusiasten. An zehn Tagen im Sommer, meist im Mai oder Juni, werden über 200 Filme gezeigt sowie Diskussionsrunden mit Filmemachern und professionelle Workshops veranstaltet. ■ www.jff.org.il/en

 Erlebnisse

Ramparts Walk Auf dem sogenannten Ramparts Walk umrundet man die Altstadt Jerusalems auf den Stadtmauern. Der Weg zur Nordseite beginnt am Jaffator, endet am Löwentor auf der Ostseite und führt sowohl über das christliche als auch muslimische Viertel. Am Eingang zum Jaffator erhält man die Tickets. ■ Ramparts Walk, Jaffa Gate, Sa–Do 9–16, Fr 9–14 Uhr, 16 NIS, erm. 8 NIS

ADAC Spartipp

Reisezeit, oh, Reisezeit. Wenn Sie für Ihren Flug nicht das Doppelte bezahlen wollen, vermeiden Sie es, Tickets für die **Zeit der hohen Feiertage** zu buchen – viele Pilger kommen nach Israel, und viele Einheimische hingegen entfliehen dem Trubel. Vor allem um Yom Kippur und Neujahr (September), Pessach und Ostern (April) sowie Weihnachten und Channukah (Dezember) explodieren die Preise.

Audio-Rundgang Das Tourismusbüro Jerusalems gibt Besuchern die Möglichkeit, die Stadt auch im Alleingang zu erkunden, ohne dabei wichtige Infos zu verpassen. Die Audio-App ist eine bequeme Möglichkeit, auf eigene Faust aufzubrechen. Die App heißt »Audio Tours of Jerusalem« und kann im Google Play Store wie auch im App Store von Apple heruntergeladen werden.

Modernes Jerusalem

Hier herrscht irdischer Trubel inklusive Shuk, Straßenbahn und Museen

Jerusalem ist nicht nur heilig, sondern auch Alltag, Bildung und viel Politik. In der Hauptstadt Israels entscheidet die Regierung über die Zukunft des Landes, Studenten strömen in die Hebrew University und die Kunstakademie Bezalel, und auf dem Shuk Machane Yehuda ist sowieso immer etwas los.

 Sehenswert

 Machane Yehuda
| Markt |

 Das Herz des modernen Jerusalem – voller Farben und Gerüche

Den Markt Machane Yehuda erreicht man sehr einfach mit der Straßenbahn Nummer 1 von der Altstadt in Richtung Mount Herzl. Er ist nicht zu übersehen: ein überdachter Hauptweg mit zahlreichen Geschäften, Menschentrauben, Cafés und immer wieder Straßenmusik. Direkt gegenüber befindet sich die Nachbarschaft Nachalot, die sich in letzter Zeit zu einer der angesagtesten Gegenden der Stadt gemausert hat: Kunstgalerien und Synagogen verstecken sich in den engen Gassen, und Innenhöfe, die nur Insider kennen, öffnen sich scheinbar im Nirgendwo.

ADAC Spartipp

Wer weniger bezahlen will und wen die eine oder andere Druckstelle bei Bananen nicht stört, sollte sich am letzten Wochentag gegen 16 Uhr auf den Weg zum **Markt** machen. Kurz vor Schabbat wollen die Händler unbedingt alles loswerden! Außerdem haben die meisten Läden die nächsten 24 Stunden geschlossen – und wer ein schlankes Reisebudget hat, sollte es unbedingt vermeiden, seine Einkäufe gerade am Samstag an einem der 24-Stunden Kiosks (AMPM) zu erledigen.

■ Shuk Machane Yehuda, Agripas St 90, Lightrail 1, Bus 75, 45, https://en.machne.co.il, So–Do 8–19, Fr 8–15 Uhr

 Mea Shearim
| Stadtviertel |

 Traditionelles jüdisches Leben wie vor 100 Jahren erleben

Das Viertel der Hundert Tore ist eines der ältesten jüdischen Viertel in Jerusalem. Hier wohnen fast ausschließlich strenggläubige Juden, und die Straßen haben noch die Merkmale eines osteuropäischen Schtetl. Das Leben dreht sich um die strikte Einhaltung des jüdischen Gesetzes, Smartphones sind nicht erlaubt, genauso wie Fernsehen. Männer tragen schwarze Gehröcke und Hüte, Frauen schwarze oder weiße Strümpfe sowie Kopftuch oder Perücke (jiddisch: »scheitl«). Wer Mea Shearim betritt, muss strikt die Kleiderordnung des Viertels befolgen: Frauen bedecken Schultern, Arme und Beine, Männer tragen lange Hosen und langärmeliges Hemd. Sie sollten nicht in großen Gruppen kommen. Fotografieren sollte man nur dezent und am Schabbat gar nicht. Dann sind außerdem auch das Rauchen, Smartphones und Musik untersagt.

■ HaRav Kook Bus 17, 18, 19

10 Grab von Oskar Schindler
| Gedenkstätte |

Das Grab des deutschen Industriellen, der im Zweiten Weltkrieg das Leben von 1098 Juden gerettet hat, befindet sich auf dem katholischen Friedhof am Südhang des Berges Zion. Die Stätte ist eines der am meisten besuchten Gräber der Stadt. Mit einer GPS-App des Friedhofs können Sie außerdem weitere Grabstätten ausfindig machen.

■ Katholischer Friedhof Jerusalem, Berg Zion, Station Har Tsion, Bus 1, 3, 88, Tel. 02 62 66 13, www.graves.mountzion.org.il, Mo–Sa 8–14 Uhr

11 Knesset
| Regierungssitz |

Auch wenn der Status Jerusalems als Israels Hauptstadt immer wieder für Kontroversen sorgt, sitzt hier die Knesset, das israelische Parlament. Besuche des Gebäudes sind nur im Rahmen einer Führung möglich, die jedoch kostenlos angeboten wird. Führungen auf Deutsch finden sonntags und donnerstags um 8.30 Uhr statt und dauern ca. 90 Minuten. Man sollte sich jedoch vorher telefonisch anmelden.

■ HaKnesset, HaKirya HaKnesset Bus 7, 35 und 66, Tel. 02 67 53 33 3 und 02 67 5 33 37, https://main.knesset.gov.il/en, So–Do 8.30–14 Uhr

12 Garden Tomb
| Heiligtum |

Das sogenannte Gartengrab wurde 1867 entdeckt und gilt seitdem gerade bei evangelischen Anglikanern und Protestanten als die Begräbnis- und

Das Grab von Oskar Schindler bedeckt nach alter Tradition eine Reihe von Steinen

Auferstehungsstätte Jesu Christi. Diese Meinung wird vom Großteil der Christenheit nicht geteilt. Das Grab konnte auf das 7. Jh. v. Chr. und die nahe gelegene Zisterne auf die Kreuzritterzeit datiert werden. Nichtsdestotrotz ist es ein beliebter Wallfahrtsort und eine grüne Oase inmitten von Ostjerusalem direkt beim Damaskustor. Wer von dort mit dem Monit Sherut ankommt oder abfährt, sollte sich hier einen kurzen Moment der Stille gönnen.

■ Conrad Schick St, Lightrail 1, Tel. 02 53 9 81 00, www.gardentomb.com, Mo–Fr 8–19, Sa 8–18 Uhr, Eintritt frei

13 Rockefeller Museum
| Museum |

Das Rockefeller Museum, ehemals auch Archäologisches Museum Palästina genannt, wurde bereits 1938 eröffnet und liegt in Ostjerusalem. Der Bau zeigt Ausgrabungen aus den 1920er- und 1930er-Jahren, die das Leben in Palästina unter dem britischen Mandat veranschaulichen.

■ Sultan Suleiman St 27, Al Muqadasi, Bus 1 und 3, Tel. 026 28 22 51, Sa–Mo, Mi–Do, 10–14 Uhr, Eintritt frei

14 Ölberg
| Aussichtspunkt |

 Der Berg ist von großer Bedeutung für Christen, Muslime und Juden

Wenn man die Stufen zur Klagemauer im jüdischen Viertel hinabsteigt, eröffnet sich plötzlich der Blick auf einen Berg ganz in gelb und weiß. Der Ölberg ist mit Grabsteinen übersät – seit über 3000 Jahren werden Juden hier begraben, für sie gilt die Erde als heilig. Hier soll eines Tages der Messias erscheinen, hier beginnt das Jüngste Gericht, die Auferstehung der Toten und das messianische Zeitalter. Doch auch Christen messen dem Berg eine große Bedeutung bei: Jesus machte laut Neuem Testament seinen letzten Spazier-

gang auf den Gipfel im Garten von Getsemani, wurde dort verraten und von den Römern gefangen genommen.

■ Mount of Olives, Chapel of Ascension, Bus 255

15 Educational Bookshop
| Kulturzentrum |

Der Educational Bookshop ist der einzige englischsprachige Buchladen in Ostjerusalem und zieht zu jeder Zeit Journalisten, Aktivisten und Intellektuelle an. Die Bücher bieten eine neutrale bis pro-palästinensische Perspektive auf den Nahostkonflikt. Verweilen Sie im Café im Obergeschoss bei einem Tee, einem Sandwich oder einem Plausch.

■ Salah ad Din St 19, Lightrail 1, Tel. 026 27 58 58, www.educationalbookshop.com, tgl. 8–20 Uhr

16 Maria-Magdalena-Kirche
| Kirche |

Das nicht zu übersehende Gotteshaus an den Hängen des Ölbergs mit seinen sieben vergoldeten Kuppeln ist die russisch-orthodoxe Maria-Magdalena-Kir-

Zar Alexander III. stiftete 1886 die orthodoxe Maria-Magdalena-Kirche auf dem Ölberg

ADAC Wussten Sie schon?

Der **jüdische Glaube** ist nicht so einheitlich, wie man auf den ersten Blick denken mag. Juden sind aus aller Herren Länder nach Israel geströmt: sogenannte Ashkenazi-Juden aus Nord- und Ostdeutschland, sephardische Juden aus Spanien und Portugal und Mizrachi-Juden aus dem Nahen Osten und Nordafrika. Jede Gruppe hat ihre eigenen Gebräuche, Speisen und Kleiderordnungen. Neben der ethnischen Unterteilung spaltet sich das Judentum in progressiv-reformiert, traditionell und orthodox bzw. ultra-orthodox auf. Letztere ist eine Gruppe, die selbst Einheimische oft nicht genau einschätzen können. Hier gibt es sogenannte chassidische Gruppierungen und Haredi-Juden, die oft an ihrer traditionellen Kleidung von Gehrock und Schläfenlocken erkennbar sind. Beide Gruppen folgen strikt dem jüdischen Regelwerk, und nicht wenige von ihnen widmen ihr gesamtes Leben ausschließlich dem Tora-Studium.

che, erbaut im Jahr 1886. Das Gebäude wurde im traditionellen russischen Stil des 17. Jh. inklusive Zwiebeltürmen errichtet. Im Kloster leben bis heute zwei Dutzend russisch-orthodoxe Nonnen, die für ihre Gesänge wie auch für ihre Stickereien bekannt sind.

■ Gethsemane Convent, Mount of Olives, Bus 51, Tel. 026 28 43 71, Di, Do 10–12 Uhr

 Yad Vashem

| Gedenkstätte |

Israels offizielles Denkmal für die Opfer des Holocaust widmet sich der Erinnerung an die Toten und der Ehrung derer, die sich gegen die Nazi-Herrschaft aufgelehnt haben. Gegründet im Jahr 1953, ist es damit gleichzeitig Museum, Gedenkstätte und Forschungseinrichtung, in der auch allgemein das Phänomen des Genozids wissenschaftlich erforscht wird. Das Zentrum liegt am Westhang des Berges Herzl, der auch als Berg der Erinnerung bekannt ist. Yad Vashem ist nach der Klagemauer die zweitwichtigste Touristenattraktion Israels und wird jährlich von mehr als 2 Mio. Menschen besucht. Für den Eintritt wird keine Gebühr erhoben.

■ Berg Herzl, Bus 28, Tel. 026 44 34 00, www.yadvashem.org, So, Mo, Mi und Do 8.30–18, Fr 8.30–14 Uhr

 Restaurants

€ | **Flora** Eine hervorrgende Pizza bekommt man bei Pizza Flora in der Nachbarschaft des Marktes – ein unkompliziertes Lokal mit ungezwungener Stimmung, bester Lage und einem kunterbunt gemischten Publikum. ■ Ha-Dekel St 2, Machane Yehuda, Lightrail 1, Tel. 026 22 22 16, So–Do 12–24, Fr 12–16, Sa 20.30–24 Uhr, Plan S. 54/55, c2

€€ | **Machneyuda** Das Restaurant liegt direkt um die Ecke zum großen Stadtbasar. Es ist nicht wirklich günstig, aber das ist in Israel ja nichts Neues. Es überzeugt dafür mit einer exzellenten orientalischen Küche und guter Stimmung. Die Tische sind aus rustikalem Holz, es ist laut und lustig, es wird gerannt, getrunken, laut gelacht und trotzdem erstklassig gekocht. ■ Beit Yaacov St 10, Lightrail 1, Tel. 025 33 34 42, www.machneyuda.co.il, So–Do 12.30–16, 18.30–24, Fr 11.30–15, Sa 18.30–24 Uhr, Plan S. 54/55, c2

 Cafés

Bastet Hier kommen Hipster und Studenten auf einen Kaffee zusammen. Wer sich auch in Jerusalem mal urban und modern fühlen will, sollte hier einen Stopp einlegen. ■ Heleni HaMalka St 5, Lightrail 1, Tel. 02 9 70 17 10, tgl. 8–23 Uhr, Plan S. 54/55, d2

 Kneipen, Bars und Clubs

Pergamon Club Der größte Club der Stadt überrascht mit einer exzellent kuratierten Auswahl an Livemusikern und DJs. Wer in der heiligen Stadt feiern will, der ist hier richtig. ■ Yohanan Horkanos St 1, Lightrail 1, Tel. 05 4 84 05 11, www.pergamonjlm.com, Do–Sa 23–8 Uhr, Plan S. 54/55, d2

ADAC Wussten Sie schon?

Schon das Alte Testament dichtet über die Fruchtbarkeit des Landes: »ein Land von Weizen und Gerste, von Reben, Feigen und Granatäpfeln, ein Land von Olivenbäumen und Honig« (5. Mose 8:8). Gerade der **Olivenbaum** ist dabei tief in der palästinensischen und israelischen Seele verwurzelt. Die Bäume im Garten Gethsemane in Jerusalem gehören mit zu den ältesten der Welt und sind rund 900 Jahre alt. In Obergaliläa munkelt man sogar von 1000 Jahre alten Bäumen. Kein Wunder, dass ein Ölzweig sogar im Wappen des Staates und in den Wappen des israelischen Armeekorps erscheint. Der Zweig symbolisiert in der jüdischen Bibel auch den Frieden, da er nach der Sintflut von einer Taube zur Arche Noah getragen wurde.

 Kinder

Bloomfield Science Museum Hier können Kinder anfassen, lernen und experimentieren. Das Museum lädt mit einer großen Auswahl an interaktiven Exponaten zum Spielen und Verstehen ein und organisiert Sonderausstellungen zu den großen Denkern der Wissenschaft. ■ Sderot HaMuze'onim 3, Bus 9, 14, 414, Tel. 02 6 54 48 88, www.mada.org.il, Mo–Do 10–18, Fr 10–14, Sa 10–17 Uhr, 45 NIS, Plan S. 54/55, c3

Time Elevator Für viele Menschen ist eine Zeitmaschine ein heimlich gehegter Wunsch. In Jerusalems Time Elevator wird dieser Traum Wirklichkeit: In der Multimedia-Show erlebt man das Land, wie es in biblischen Zeiten aussah, und reist durch 3000 Jahre bewegter Geschichte Jerusalems. Tickets sollte man im Voraus buchen. ■ Yitshak Kariv St 6, Bus 1, 117, Tel. 02 6 24 83 81, www.time-elevator.co.il, So–Do 10–22, Fr 10–14 Uhr, 54 NIS, Plan S. 54/55, e2

 Erlebnisse

ShukBite Mit der ShukBite-Karte, online bestellbar bei YallaBasta, erhält man eine große Auswahl an kostenlosen Verkostungen auf dem Machane-Yehuda-Markt. Dazu gibt es außerdem mehrere Vorschläge für besonders gelungene Rundgänge: www.yallabasta.com/category/machne-bite-card.

Israel Photography Tour Jerusalem ist mehr als fotogen – an jeder Ecke bietet sich ein neues tolles Motiv. Eine Fototour ist daher eine wunderbare Möglichkeit, die Stadt näher kennenzulernen. Israel Photgraphy Tour ist ein bekannter Anbieter. Tickets sind online bestellbar: www.israelphotographytour.com/jerusalem-photo-day-tour.

8 Totes Meer

Belebender Salzsee in der Wüste, in dem nichts überleben kann

i Information

■ www.deadseatourist.com

Nur eine knappe Stunde von Jerusalem entfernt ist die Welt schon wieder eine ganz andere. Ein Besuch des Toten Meeres ist nicht nur eine physisch-therapeutische Erfahrung, sondern mutet oft fast spirituell an. Durch den hohen Salz-, Staub-, Schwefel- und Mineralgehalt der Atmosphäre scheint hier alles vor den Augen zu flimmern. Blau und rosa schimmern die jordanischen Berge durch diesen natürlichen Filter, das Wasser liegt völlig unbewegt da – nichts kann in diesem Salzsee überleben. Die Mischung der Mineralien in Erde, Schlamm, Quellen, Luft und Wasser können jedoch sowohl für Haut als auch Lunge und Geist hoch reinigend wirken. Nur die Augen sollte man unbedingt vor einem Kontakt mit dem Wasser schützen und besser nicht frisch rasiert schwimmen gehen. Kleine Wunden können brennen, und Damen können sich mit Vaseline behelfen, falls sie Juckreiz oder Stechen verspüren.

◉ Sehenswert

En Bokek
| Strand |

 Der südlichste Strand mit guter Infrastruktur für das Badeerlebnis

Seit geraumer Zeit schwindet das Tote Meer dahin. Sowohl Israel als auch Jordanien zapfen dem Jordan zu viel Wasser ab, und nur ein kleines Rinnsal erreicht am Ende den Salzsee. Hinzu

Das Tote Meer – eigentlich ein See – liegt rund 430 m unter dem Meeresspiegel

kommen die stetige Erwärmung der Talsenke und die Ausbeutung natürlicher Mineralien durch Kosmetikfirmen. Der Rückzug des Wassers hat zur Folge, dass große Flächen der Sonne preisgegeben werden und Böden porös werden. Die daraus resultierenden Sinklöcher sind so groß, dass sie Straßen, Autos und ganze Häuser verschlucken können. Es wird dringend empfohlen, einen offiziellen Badestrand aufzusuchen und nicht auf eigene Faust die Ufer zu erkunden. En Bokek ist der bekannteste Strandabschnitt mit den meisten Hotels. Zwar nicht ganz so einsam, hat er den Vorteil einer guten Infrastruktur mit öffentlichen Duschen – was nach dem Bad im Salz und einer Schlammmaske sehr gelegen kommt. Man sollte sich unbedingt nach dem Schwimmen mit Süßwasser reinigen.

Verkehrsmittel

Busse starten mehrmals am Tag von Jerusalem Richtung Süden und halten an der Masada-Kreuzung in Fußnähe zu En Bokek. Von Tel Aviv fährt einmal täglich ein Bus mit der Nummer 421 zum Toten Meer. Es ist allerdings empfehlenswert, ein **Auto** zu nehmen – so können Sie an der wunderschönen Küstenlinie entlangfahren, stoppen, wo immer Sie wollen, und im Anschluss flexibel En Gedi besuchen. Es ist aber auch möglich, ein Auto in En Bokek am Toten Meer selbst zu mieten.

Einkaufen

Kosmetik In der Fabrik der Ahava-Kosmetikmarke an der Westseite des Toten Meeres kann man Produkte wie Salzbädermischungen, Schlammmasken und Feuchtigkeitscremes erstehen, die alle aus den Mineralien des Toten Meeres hergestellt wurden. ■ Ahava Visitor Center, Mitzpe Shalem, Westküste, Tel. 029 94 5117, So–Do 8–16 Uhr

9 En Gedi

Grüne Oase neben dem Toten Meer – hier lebt die Wüste wirklich

Information

■ Informationen erhält man am Eingang des Parks bei der Parkbehörde, auch telefonisch unter 086 58 42 85

Direkt am Toten Meer liegt Israels größte Oase mit mehreren Wasserfällen, Bächen, Naturpools und hier und da einem scheuen Steinbock. Hier fließen der Fluss Nahal Arugot und der David-Wasserfall. In der Dudim-Höhle über dem Wasserfall findet man Schatten, im trockenen Flussbett des Wadi Arugot kann man klettern. Die Wege sind einfach und für jeden zu erschließen.

■ En Gedi Nature Reserve, Tel. 086 58 42 85, Sa–Do 8–15 Uhr, 28 NIS, erm. 14 NIS

10 Masada

Jüdische Märtyrer im Jahr 74 n. Chr. und der beste Blick in den Jordangraben

Das UNESCO-Weltkulturerbe Masada liegt nur eine halbe Stunde vom Toten Meer entfernt und ist unbedingt einen Besuch wert. Denn hier erfährt man nicht nur einiges über die jüdische Geschichte, sondern hat auch den besten Blick in die Talsenke bis nach Jordanien.

ADAC Spartipp

Achtung, wer in der Hitze schwitzt, muss kein Geld für das kühle Nass ausgeben! In Israel wird eine **Wasserkaraffe** gratis und ohne Zögern auf den Tisch gestellt. Einfach fragen und nicht dursten.

Die Festung von Masada wurde im Jahr 30 v. Chr. von König Herodes errichtet, wurde jedoch rund 100 Jahre später von jüdischen Aufsässigen im Aufstand gegen Rom eingenommen. Laut jüdischer Überlieferung begingen diese 960 Rebellen nach aussichtslosen Kämpfen schließlich kollektiven Selbstmord und schufen damit eine Geschichte von jü-

dischem Märtyrer- und Heldentum. Über einen Wanderweg, den Schlangenpfad, gelangt man zu Fuß zu den Ausgrabungen. Im heißen Sommer ist davon jedoch abzuraten – stattdessen fährt man lieber mit der Seilbahn vom Besucherzentrum bis zum Gipfel.

■ Masada National Park, Tel. 086 58 42 07, Sa–Do 8–16, Fr 8–16 Uhr, 77 NIS, erm. 45 NIS

 Erlebnisse

Es lohnt sich, am **jüdischen Neujahr** früh aufzustehen – dann versammeln sich alle Motorradfahrer des Landes zu einem Hupkonzert auf dem Gipfel bei Sonnenaufgang, das man wahrscheinlich bis nach Jordanien hören kann.

Die jüdische Festung Masada auf einem steilen Felsen galt in ihrer Zeit als uneinnehmbar

Übernachten

Da sowohl Jerusalem als auch das Tote Meer zwei der wichtigsten Touristenmagnete der Region sind, lässt sich hier nur schwer ein Schnäppchen schlagen. Allerdings schaffen Pilgerhäuser und gehobene Hostels eine gewisse Abhilfe. In Jerusalem sind die Preise in der Altstadt am höchsten und in Ostjerusalem am niedrigsten. Am Toten Meer ist die Auswahl an Unterkünften dagegen eher gering, man entscheidet sich zwischen Luxushotels und Campingplätzen. Es bietet sich daher unter Umständen an, nicht am Toten Meer selbst zu nächtigen, sondern stattdessen Jerusalem oder die Wüste Negev – etwa Kibbutz Sde Boker oder Arad – als Ausgangspunkt für eine Tagestour zu nehmen.

Jerusalem

€€ | Eldan Hotel Irgendwie genau richtig in der Mitte: Rund-um-Komfort, aber keine astronomischen Preise. Das Hotel ist sowohl im Ambiente als auch im Service stilsicher, zurückhaltend und freundlich. Gerade für einen Städtetrip ist das genau die richtige Adresse – unkomplizierter und zentraler gelegen geht nicht. ■ King David St 24, 9458302 Jerusalem, Tel. 025 67 97 77, www.eldanhotel.com

€€ | Jonathan Hotel Gerade wer länger bleiben will, ist im Jonathan Hotel gut aufgehoben. Die israelische Kette bietet nämlich voll ausgestattete, kleine Ferienwohnungen für kurze Zeit oder auch länger. Jede Wohnung hat ihren eigenen Eingang und eine eigene Küche – da kommt es recht gelegen, dass der Machane-Yehuda-Markt direkt nebenan liegt. ■ Ben Yehuda St 29, 9458302 Jerusalem, Tel. 025 48 51 00, www.jonathanhotels.com

€€ | Österreichisches Hospiz zur Heiligen Familie Das Hospiz ist nicht nur für seine komfortablen Gästezimmer bekannt, sondern ebenso für seinen wunderschönen Innenhof und seine Wiener Schnitzel. Das Team spricht Deutsch, und zentraler kann man in der Altstadt kaum wohnen. Das Pilgerhaus ist beliebt, man sollte einige Zeit im Voraus reservieren. ■ Via Dolorosa 37, 91194 Jerusalem, Tel. 02626 58 00, www.austrianhospice.com

€€ | The Olive Tree Hotel Zwar nicht ganz in der Altstadt, aber doch nur zehn Minuten zu Fuß entfernt, liegt das Olive Tree Hotel in der Amerikanischen Kolonie von Jerusalem. Es bietet eine internationale Atmosphäre, ein Fitnessstudio, Spa und Frühstück. ■ St. George St 23, 97200 Jerusalem, Tel. 025 410 410, www.olivetreehotel.co.il

€€ | St. Thomas Home Das Hotel gruppiert sich um einen hübschen Innenhof und liegt in Fußnähe zu den Sehenswürdigkeiten in Ostjerusalem wie dem Garden Tomb, dem Damaskustor oder Rockefeller Museum. Die Zimmer sind simpel, aber sauber und klimatisiert. ■ Nablus Road Caldean St 6, 97201 Jerusalem, Tel. 026 27 43 18

€€–€€€ | St. Andrew's Scots Guesthouse Mit seinen Torbögen, armenischer Keramik, maurischen Ornamenten und einem Kamin aus der britischen Kolonialzeit, ist dieses

Ein Stück Mitteleuropa mitten in der Altstadt von Jerusalem: das Österreichische Hospiz

Gästehaus aus dem Jahr 1927 eine ideale Unterkunft mit einer Prise Geschichte. Die Architektur erinnert sowohl an eine Kirche wie auch an eine schottische Highland-Festung. Ölberg, der Berg Zion und die Altstadt sind alle nicht weit entfernt. ◼ David Remez St 1, 91086 Jerusalem, Tel. 02 673 24 01, www.scotsguesthouse.com

€€€ | King David Hotel Das Fünf-Sterne-Hotel steht auf der Liste der »Leading Hotels of the World« und ist auch ohne Übernachtung einen Besuch wert. Hier trafen sich Diplomaten, Politiker und Celebrities und diskutierten bei einem späten Drink auf der wunderschönen Terrasse die nahöstlichen Geschicke – die Hotelgalerie spricht Bände. Das Haus verfügt über vier Speiselokale mit Sterneköchen und Zimmer aller Farben und Formen. Leider ist das Hotel auch bekannt für das Attentat der zionistischen Gruppe Irgun im Jahr 1946. ◼ King David St 23, 9458302 Jerusalem, Tel. 026 20 88 88, www.danhotels.com

Totes Meer

€€€ | Isrotel En Bokek Das Isrotel liegt direkt am Strand von En Bokek, bietet natürlich Spa-Behandlungen, luxuriöse Zimmer und vor allem einen erstklassigen Blick auf das Tote Meer und das umliegende Gebirge. ◼ Isrotel, 86980 En Bokek, Tel. 08 668 96 66, www.isrotel.co.il

En Gedi

€€ | En Gedi Kibbutz Hotel Direkt an der Oase En Gedi erstreckt sich einer der ausgefallensten Kibbutzim mitten in der Wüste. Obwohl die Sinklöcher in den letzten Jahren der Infrastruktur zugesetzt haben und der direkte Zugang zum Strand weitgehend verschüttet wurde, ist das Hotel immer noch ein guter Ausgangspunkt für ein salziges Bad im Toten Meer. Es gibt zudem einen Pool, unzählige Fikusbäume und einen Spa-Bereich. ◼ En Gedi, Tel. 08 659 42 21, https://ein-gedi.co.il

Das Westjordanland

*Die palästinensischen Gebiete sind mehr als Konflikt und Politik –
hier gibt es antike Ausgrabungen, heilige Orte und unberührte Natur*

und etwa 390 000 israelische Siedler im Westjordanland sowie etwa 201 200 israelische Siedler in Ostjerusalem. Die internationale Gemeinschaft betrachtet israelische Siedlungen, auch in Ostjerusalem, als völkerrechtswidrig.

In diesem Kapitel:

ADAC Empfehlungen:

 **Geburtskirche, Bethlehem**
| Kirche |
Der klassische Anlaufpunkt in Bethlehem, und besonders an Weihnachten sind die Messen ein Erlebnis. 76

 **Palestinian Heritage Center, Bethlehem**
| Ausstellung |
Im Palestinian Heritage Center können Besucher auf den Pfaden der palästinensischen Bevölkerung wandeln und ihre Kultur bestaunen. 76

Hosh Jasmin, Beit Jala
| Bauernhof |
Im Restaurant und Bauernhof Hosh Jasmin gibt es neben authentischer

Obwohl das Westjordanland ein stetiger politischer Zankapfel ist, ist es ebenso ein faszinierender Ort aus geschäftigen Basaren, grünen Hügeln und weißen Kalkfelsen, friedlich grasenden Ziegenherden und nicht enden wollenden Olivenbaumhainen. Das Westjordanland erhielt seinen Namen 1948, als es nach dem arabisch-israelischen Krieg von Jordanien erobert wurde. Das Gebiet fiel damit an den Nachbarn. 1967 ging es nach dem Sechstagekrieg an Israel und entwickelte sich seither über die Jahrzehnte zu einem Flickenteppich aus verschiedenen Verwaltungsbezirken. Selbst Einheimischen fällt es oft schwer, hier den Überblick zu behalten: Das Gebiet C, in dem Israel die vollständige Zivil- und Sicherheitskontrolle inne hat, macht rund 60 % des Territoriums aus. Im Gebiet A herrscht alleinig die Palästinensische Autonomiebehörde, und der Bereich B unterliegt einer gemeinsamen israelisch-palästinensischen Kontrolle. Bei der letzten Erhebung im Juli 2017 lebten knapp 3 Mio. Palästinenser

palästinensischer Küche auch Kamin-
feuer, Livemusik und einen herrlichen
Blick ins grüne Tal. 78

 Qasr al Yahud
| Taufstätte |
Die ursprüngliche Taufstelle Jesu ist
einer der seltsamsten Orte der Region
– verfallene Kirchen, Unmengen Pilger
und umzäunte Minenfelder. 83

Ramallah

*Das wirtschaftliche und kulturelle
Zentrum des Westjordanlandes*

i Information

■ Tourist Information Center Ramallah,
Issa Ziadeh St 5, Tel. +970/22 94 55 55,
www.visitpalestine.ps, Sa–Do 8–18 Uhr

Die De-facto-Hauptstadt der Palästinensischen Gebiete hat sich in den
letzten Jahren sehr verändert. Es wird
gebaut und wieder aufgebaut, renoviert und investiert. Ramallah will sich
als westlich geprägte, weltoffene Metropole präsentieren. Es ist die einzige
Stadt des Westjordanlands mit einem
lebendigen Nachtleben und einer aktiven Künstlerszene, mit internationalen
Shoppingketten, Start-ups und vielen
säkular lebenden Palästinensern. Einst
war Ramallah eine arabisch-christliche
Siedlung, die Christen aus dem ganzen
Nahen Osten anzog. Das Gesicht der

Im Blickpunkt

Für die einen Freiheit, für die anderen der Untergang

Während Israelis am Unabhängigkeitstag im Mai auf den Straßen
feiern, wird auf der anderen Seite
der Mauer getrauert: Am Nakba-
Tag, der »Tag der Katastrophe«,
gedenken Palästinenser alljährlich
ihrer Vertreibung im Jahr 1948.
Dabei protestieren die Menschen
auf den Straßen und geben einander Schlüssel – das Symbol für
ihre ehemaligen Häuser auf isra-
elischem Staatsgrund.

Stadt änderte sich jedoch mit der An-
kunft palästinensischer Flüchtlinge aus
Jaffa und Haifa, die das Gleichgewicht
zwischen Muslimen und Christen in
Ramallah stetig veränderten.

Sehenswert

Al-Manara-Platz
| Platz |
Der wichtigste und zentrale Platz der
Stadt ist ein idealer Ausgangspunkt für
einen Bummel durch den Shuk und
Downtown. Der Markt erstreckt sich
über mehrere Straßen und ist ein wil-
des Durcheinander aus Gemüse und
Obst, Haushaltswaren und Kleidung.
Die Preise liegen weit unter dem israelischen Durchschnitt – es lohnt sich,
einen genaueren Blick darauf zu werfen. Der Al-Manara-Platz erstreckt sich
unweit der zentralen Busstation, in der
alle Reisenden aus Jerusalem ankommen und wieder abfahren.

Yasser Arafat Museum
| Museum |
Neben dem Grab des verstorbenen
Palästinenserführers Jassir Arafat, am
Ort seiner letzten Schlacht und neben
seiner letzten Kommandozentrale, erhebt sich das Yasser Arafat Museum.
Die Einrichtung gilt als Gedenkstätte,
die sowohl Arafats Leben als auch die
Entwicklung der Fatah-Bewegung porträtiert und der Geschichte des Westjordanlands einen Ort gibt. Entworfen
wurde das Gebäude vom palästinensischen Architekten Ja'far Touqan, und es
wurde aus dem gleichen Sandstein wie
Arafats Mausoleum, die dazugehörige
Moschee und das Minarett geschaffen.
■ Derech Ramallah, Tel. +970/22 96 77 70,
www.yam.ps, Di–So 10–17 Uhr, 12 NIS

Arafats letzte Ruhestätte: das Mausoleum auf dem Gelände des Yassar Arafat Museum

 Verkehrsmittel

Der Weg nach Ramallah ist einfacher, als man denkt: **Busse** fahren regelmäßig – allerdings ohne Fahrplan – von der arabischen Busstation beim Damaskustor auf der Ankara-Ben-Shaddad-Straße ab. Es ist auch möglich, sich ein **Auto** in Ostjerusalem zu mieten. Da es am Qalandia Checkpoint oft zu Staus und Wartezeiten kommen kann, sollte man genug Zeit einplanen.

 Restaurants

€ | **Café La Vie** Nur zehn Gehminuten vom Al-Manara-Platz entfernt kann man es sich gemütlich machen. Das Lokal ist vor allem bei internationalen Gästen beliebt und fungiert als Café, Restaurant und Bar. Ein Großteil der Produkte stammt aus dem Dachgarten der Eigentümer, und am Wochenende gibt es eine große Auswahl an Bieren und Weinen, die im Westjordanland produziert wurden. ■ Qastal St 5, Tel. +970/22 96 41 15, Sa–Do 12–1, Fr 16–1 Uhr

€ | **Garage** Wenn es einen Ort für Hipster in Ramallah gibt, dann ist es wohl diese Adresse. Mit einem alternativen Dekor, einer niedlichen Außenterrasse, vielerlei Speisen – und einer Auswahl für Veganer – sowie einem internationalen Publikum, das sich aus Studenten, Intellektuellen und Menschen auf der Durchreise zusammensetzt, ist Garage ein Aushängeschild für die Internationalität Ramallahs. ■ Al Rajaa St 3, Tel. +970/22 97 12 15, Sa–Do 10–1, So geschl.

 Kneipen, Bars und Clubs

Snowbar Die Snowbar bricht schnell mit vielen Vorstellungen, die die meisten Urlauber vor ihrem Besuch im Westjordanland hatten. Gleichzeitig Bar und Nachtclub überrascht diese Location mit einem Außenpool, einem

wunderschönen Gartenbereich und wilden Partys. Ab und an gibt es Livemusik und DJ-Sets. Etwas außerhalb des Zentrums gelegen, bietet es sich an, ein Taxi zu nehmen. Jeder Fahrer kennt den Ort. ■ Ein Sama'an, Tel. +970/ 22 96 55 71, tgl. 11–24 Uhr

 Erlebnisse

Wer lieber geführt reisen will, sollte sich an **Abrahamtours** oder **Mejdi Tours** halten. Beide Anbieter wurden mehrmals ausgezeichnet und verfügen über einen großen Katalog von Ausflügen nach Ramallah – sie starten von allen großen Städten in Israel – und informieren umfassend über die palästinensisch-israelische Geschichte. ■ www. abrahamtours.com, www.mejditours.com

 In der Umgebung

Taybeh
| Dorf |
Mitten in den Bergen zwischen Ramallah und Jerusalem liegt das Dorf Taybeh, die letzte christliche Hochburg des Westjordanlands. Taybeh verfügt über mehrere Kirchen und Klöster sowie eine sowohl in Israel als auch im Westjordanland berühmte Winzerei und Brauerei. Das Familienunternehmen der Khourys, mittlerweile in dritter Generation, veranstaltet außerdem jedes Jahr ein palästinensisches Oktoberfest, inklusive deutschem Reinheitsgebot, Lederhosen und Schuhplattlern. Die Familie freut sich immer über einen Besuch. Für eine Führung durch die Brauerei oder eine Weinprobe sollte man sich vorher telefonisch anmelden

Bethlehems Geburtskirche wurde über der angeblichen Geburtsstätte Jesu errichtet

(Taybeh Brewing Company, Taybeh St 1, +970/22 89 88 68, www.taybehbeer. com, Mo–Sa 8–16 Uhr).

Bethlehem

Die Geburtsstadt Jesu Christi im Westjordanland vor den Toren von Jerusalem

i **Information**

■ Bethlehem Tourist Information Center, Manger Square, 18015 Bethlehem, Tel. +970/22 77 68 32, www.gobethlehem.com, Mo–Do, Sa 8–15 Uhr

Natürlich sind sie alle hier: Lutheraner, Kopten, Katholiken, Orthodoxe – und all ihre Schäfchen, die sich durch die Straßen des Basars pressen, in den Hospizen übernachten oder ihren Reiseleitern auf dem großen Platz der Stadt, dem Manger Square, lauschen. Bethlehem ist ein Magnet für Christen. Es kommen allerdings auch viele Besucher, die nichts mit Religion am Hut haben. Denn in Bethlehem wird man sich der Brisanz des Nahostkonflikts bewusst. Hier ist die Grenzmauer, die Bethlehem von Jerusalem seit 2002 trennt, ganz nah und hat sich mittlerweile in eine riesige Leinwand für Künstler und Aktivisten verwandelt.

ADAC Mobil

Israelische **Autovermietungen** untersagen Fahrten in die palästinensischen Gebiete. Es gibt jedoch spezielle Firmen in Ostjerusalem, die ihren Mietwagen auch im Westjordanland versichern. Neben der Busstation beim Damaskustor finden Sie zwei Anbieter (S. 77).

Sehenswert

Geburtskirche

| Kirche |

 Erbaut über ebenjenem Ort, an dem Jesus in der Krippe lag

Die Geburtskirche Bethlehems hat für Christen eine herausragende Bedeutung – die Basilika wurde über dem angeblichen Geburtsort Jesu errichtet und gehört zu den ältesten Kirchen der Region. Es wurden zahlreiche Reparaturen und Ergänzungen vorgenommen, insbesondere während der Zeit der Kreuzfahrer. Die originalen Wandmosaike und Gemälde sind jedoch zum Teil erhalten. Seit 2012 gehört die Geburtskirche zum Weltkulturerbe und wurde als erster Ort unter der Rubrik »Palästina« geführt.

■ Church of the Nativity, Manger Square, Mo–Sa 6.30–19.30 Uhr

Im Blickpunkt

Nur wenige wollen bleiben

Palästinensische Christen gehören einer ganzen Reihe von christlichen Konfessionen an und machen rund 7 % der 12 Mio. Palästinenser aus; 70 % von ihnen leben jedoch außerhalb Palästinas und Israels. Über die Ursachen dieses christlichen Exodus wird heftig diskutiert – viele Christen in der Diaspora sind bereits während des Krieges von 1948 geflohen. Zudem weisen muslimische Palästinenser im Schnitt höhere Geburtenraten auf als die Christen. In Taybeh bei Ramallah kann man eines der letzten christlichen Dörfer erkunden und sich mit der Lebenssituation dieser Glaubensgemeinde vertraut machen.

Palestinian Heritage Center

| Ausstellung |

 Hier kann man der palästinensischen Kultur nachspüren

Das Museum zeigt palästinensische Folklore, Kunst und Schmuck. Mit dem Eintritt werden bedürftige Familien in Bethlehem unterstützt. Das Zentrum bietet auch handgefertigte Stickereien an, die von Frauen aus den Dörfern und Flüchtlingslagern in der Umgebung hergestellt werden. Der Ort ist eine Möglichkeit, sich mit dem anderen Narrativ der Region auseinanderzusetzen. Auch die Rolle der Frau in der palästinensischen Gesellschaft wird hier beleuchtet.

■ Manger Square, Tel. +970/2274 23 81, www.palestinianheritagecenter.com, Mo–Sa 10–20 Uhr, 20 NIS

The Walled Off Hotel

| Kunstwerk |

Die neueste Kunstinstallation des Streetart-Künstlers Banksy hat schon für viel Diskussion gesorgt. Das Hotel wurde im Geheimen direkt neben der berühmten Grenzmauer gebaut und wirbt damit, »die schlechteste Aussicht der Welt« zu haben. Der Kolonialstil des Gebäudes und sein Dekor spielen mit der Rolle Großbritanniens bei der Gründung des modernen Staat Israels. In der angrenzenden Galerie werden Werke palästinensischer Künstler ausgestellt. Eine Übernachtung ist durchaus kostspielig – aber auch gar nicht notwendig. Man kann einfach in der Hotelbar und dem Museum vorbeischauen. Das Hotel steht jedoch auch auf palästinensischer Seite in der Kritik: Viele fürchten, dass es der Situation den Ernst nimmt und die Grenze zu einer Touristenattraktion macht.

■ The Walled Off Hotel, Caritas St 182, Tel. +970/2277 13 22, www.walledoffhotel.com

Einige palästinensische Frauen verstehen sich noch auf die Kunst traditioneller Stickereien

Verkehrsmittel

Eigentlich liegen Jerusalem und Bethlehem nur wenige Kilometer voneinander entfernt; man passiert allerdings dabei einen israelischen **Grenzkontrollpunkt**. Pässe sind daher immer mitzuführen. Von der arabischen **Busstation** am Damaskustor in Jerusalem gibt es eine direkte Verbindung. Der

ADAC Mittendrin

Wer im Winter nach Israel reist, sollte **Weihnachten in Bethlehem** nicht verpassen. Die Stadt verwandelt sich in ein Lichtermeer, und ein riesiger Weihnachtsbaum reckt sich am Manger Square in die Höhe. Eine Prozession folgt auf die nächste, in der Geburtskirche finden mehrere Messen statt, und manch ein Pilger läuft am ersten Weihnachtstag zu Fuß zur originalen Taufstätte Jesu bei Jericho.

Bus 21 fährt zwar ohne Fahrplan, der Service ist jedoch häufig, und das Ticket ist mit 5 NIS spottbillig. Alternativ ist auch eine Fahrt mit dem **Privatwagen** möglich – beachten Sie jedoch, dass Sie das Auto in Ostjerusalem anmieten müssen, um auch im Westjordanland Versicherungsschutz zu genießen. Hierbei kommen die Autoverleihung Jerusalem Car Rental auf der Nablus-Straße oder Middle East Car auf der Amar-Ben-Alas-Straße/Ecke Naomi-Kissimee-Straße (ca. 100 m vom Kreisverkehr und der Yellow-Tankstelle) in Frage.

Restaurants

€ | Afteem Seit Jahrzehnten eine Institution in der Stadt: erstklassiger Hummus, immer frische Falafel und besonders gutes »masabacha«. Die Zutaten bei Afteem sind immer frisch, der Hummus immer warm und mit der Zitronen-Knoblauch-Soße wird nicht gegeizt. ■ Afteem Restaurant, Manger St, Tel.+970/ 599 033 054, Mo–Sa 8–22 Uhr, So geschl.

€ | Hosh Jasmin Im Restaurant und Bauernhof Hosh Jasmin in der Nachbarschaft von Beit Jala werden neben einer authentischen palästinensischen Küche auch Kaminfeuer, ein toller Blick ins Tal und Livemusik aufgeboten. Die Portionen sind großzügig und gesund. Es gibt große Platten mit eingelegtem Gemüse, Weinblätter mit Reis und Reisgerichte – Fleischesser sollten unbedingt den Kebab in Tahini probieren! ∎ El-MaKhrur St, Beit Jala, Tel. 05 84 58 02 07, tgl. 10–24 Uhr

☕ Cafés

Singer Dieses Café bietet seinen Gästen außer Heißgetränken und Gebäck auch eine kleine Bibliothek und kostenloses Internet. Und vor allem gibt es viele Singer-Nähmaschinen, die dem Café ihren Namen gegeben haben. Die Atmosphäre ist entspannt, der Kaffee stark und schwarz. ∎ Beit Sahour, Tel. +970/599 92 99 89, tgl. 8–21 Uhr

Erlebnisse

Wer nur wenig Zeit zur Verfügung hat oder lieber nicht allein ins Westjordanland reisen möchte, findet bei der Agentur **Tourist Israel** eine Reihe verschiedener Führungen und Tagestouren nach Bethlehem: www.touristisrael.com/tours/bethlehem-half-day-tour.

In der Umgebung

Mar-Saba-Kloster
| Kloster |
Auf halbem Weg zwischen Jerusalem und Toten Meer, rund 20 km vor Bethlehem, thront das Mar-Saba-Kloster, eine griechisch-orthodoxe Anlage auf einer Klippe mit Blick auf das Kidron-Tal. Benannt nach seinem Gründer, dem Mönch Sabas, wurde sie im 5. Jh. n. Chr. gegründet und ist eines der ältesten bewohnten Klöster weltweit.
∎ Mar Saba Monastry, Tel. 02 2 77 31 35, Mo–Do, Sa 9–14 Uhr

Hoch über dem Kidron-Tal erhebt sich das griechisch-orthodoxe Mar-Saba-Kloster

13 Hebron

*UNESCO-Welterbe und ewiger Zankapfel
zwischen den Religionen*

 Information

■ Tourist Information Center Hebron,
Qantaret Al-Shaloudi St, Altstadt Hebron,
Tel. +970/22 22 48 90, www.visitpalestine.
ps, So–Do 8–15 Uhr

Hebrons Lage im Westjordanland ist
sehr speziell. Nur hier leben israelische
Siedler und Palästinenser Tür an Tür,
getrennt voneinander durch Mauern,
Stacheldraht und schwer bewaffnete
israelische Soldaten. Daher kommt es
in Hebron auch häufig zu Auseinandersetzungen und Ausbrüchen von Gewalt. Die Bilder von Märtyrern pflastern
die Hauswände, oft liegt Spannung in
der Luft. Diese bizarre Situation ist dem
sogenannten Grab der Patriarchen ge-
schuldet – der letzten Ruhestätte Abrahams, seiner Söhne und ihren Frauen.
Die Stadt ist damit für alle drei monotheistischen Glaubensrichtungen von
solch immenser Bedeutung, dass weder
Juden noch Muslime auf eine Präsenz
verzichten wollten. Die meisten ausländischen Besucher kommen mit einer geführten Tagestour nach Hebron,
es ist jedoch nicht schwer, die Stadt von
Bethlehem aus allein zu erkunden.

 Sehenswert

Grab der Patriarchen
| Heiligtum |
Die Altstadt Hebrons ist seit 2017 palästinensisches Weltkulturerbe. Die engen
Straßenzüge – alle erbaut aus demsel-
ben Kalkstein – zeugen von einer Zeit
mehr als 3000 Jahre vor Christus. Rö-

mer, Juden, Kreuzfahrer und Mamelu-
cken eroberten die Stadt und hinterließen ihre Spuren. Heutzutage dreht
sich aber eigentlich alles um das Grab
der Patriarchen: Hier befinden sich der
Überlieferung zufolge die Ruhestätten
der drei Erzväter Abraham, Isaak, Jakob
und ihrer Frauen Sara, Rebekka und
Lea. Da sich auch Muslime auf Abraham berufen, erbauten sie ihm zu Ehren direkt nebenan eine Moschee, die
Abrahammoschee.

Unter osmanischer, britischer und jor-
danischer Herrschaft war Juden und
Christen der Zugang zum Schrein verboten. Seit dem Sieg Israels im Sechstagekrieg beten auch wieder Juden am
Grab Abrahams. Diese angespannte
Situation macht die Altstadt Hebrons
zu einem besonderen Brennpunkt im
Nahostkonflikt. Den Höhepunkt der
Gewalt stellte im Jahr 1994 ein Massa-
ker dar, als der jüdische Siedler Baruch
Goldstein 29 Palästinenser tötete. Es
verwundert nicht, dass die Altstadt
heute unter Bewachung durch die israelische Armee steht. Die Verwaltung
liegt jedoch, wie schon im Fall des
Tempelbergs in Jerusalem, in den Hän-
den der jordanischen Stiftung Waqf.

■ Cave of the Patriarchs, Emek Hebron St,
Tel. +970/599 77 78 79, tgl. 4–21 Uhr

ADAC Mobil

Der einfachste und billigste Weg,
um nach Hebron zu gelangen, ist
ein **Monit Sherut**, also eines der
gelben Sammeltaxis, vom Busbahnhof in Bethlehem nach Hebron. Die
Kosten für eine solche Fahrt betragen rund 20 NIS. Man muss einfach
in Bethlehem die Fahrer fragen, wer
als nächstes nach Hebron aufbricht.

Verkehrsmittel

Wer sich in Hebron mit dem **Taxi** fortbewegen möchte, sollte bereits vor dem Einsteigen einen Preis vereinbaren – die Fahrer können Schlitzohren sein, und Taxifahrten innerhalb der Stadt sollten nicht mehr als 15 bis 20 NIS kosten.

 Einkaufen

Hebron Glas and Ceramics Die Hebron Glas- und Keramikfabrik im Norden der Stadt verkauft bunt bemalte Fliesen und wunderschöne Ornamente, für die Hebron in der Region sehr bekannt ist. In der Werkstatt können Besucher dabei zusehen, wie Glas geblasen wird und die Verzierungen hergestellt werden. ■ Ras al Jora St, Tel. +970/2 22 28 502, So–Do 9–19 Uhr

 Erlebnisse

Es ist empfehlenswert, Hebron im Rahmen einer geführten Tour zu erkunden. So wird man dem historischen Erbe und der politischen Komplexität gerecht, hat Zugang zu den jüdischen Siedlungen und fühlt sich in dieser doch immer

Im Blickpunkt

»Boycott, Divestments and Sanctions«

Waren, Kultur, Aktivismus – die Bewegung »Boycott, Divestments and Sanctions« ist eine der kontroversesten Anti-Israel-Kampagnen weltweit. Die Bewegung proklamiert verschiedene Formen des Boykotts gegen Israel und fordert einen Rückzug aus den besetzten Gebieten, die Abschaffung der Trennmauer im Westjordanland, uneingeschränkte Gleichberechtigung der arabisch-palästinensischen Bürger Israels und die Rückkehr palästinensischer Flüchtlinge in ihre ehemaligen Besitztümer. BDS-Anhänger vergleichen ihre Kampagne mit der Anti-Apartheid-Bewegung und die Situation in Israel mit der in Südafrika vor der Abschaffung der Apartheid. Kritiker der BDS lehnen diesen Vorwurf ab und behaupten, dass es in Israel keine auferlegte Trennung zwischen Juden und Arabern gebe. So gilt die BDS-Bewegung in Teilen als antisemitisch, und ihr Vorgehen wird mit dem nationalsozialistischen Boykott jüdischer Unternehmen verglichen. Im Mai 2019 verabschiedete der Deutsche Bundestag eine unverbindliche Resolution, in der er BDS für antisemitisch erklärt und feststellt, dass er »an das schrecklichste Kapitel der deutschen Geschichte erinnert«. Die Bewegung feiert ihre bislang größten Erfolge im universitären Umfeld. PR-Aktionen richten sich oft gegen prominente Personen, die mit Firmen im Siedlungsgebiet kooperieren oder Künstler, die in Israel auftreten, in israelischen Medien publizieren oder mit israelischen Künstlern kooperieren. Am 15. August 2019 hat Israel ein 2017 verabschiedetes Gesetz angewendet, um die Einreise von zwei US-Kongressabgeordneten zu verbieten. Das Gesetz erlaubt Israel, Unterstützern von BDS die Einreise zu verweigern. Auf dieser Grundlage wurde 14 Personen die Einreise verweigert, darunter Ende 2017 sieben französischen Politikern und Abgeordneten der Europäischen Union.

Pilgerstätte sowohl für Juden wie auch für Muslime: das Grab der Patriarchen in Hebron

wieder recht unübersichtlichen Situation sicherer und komfortabler. Empfehlenswert sind die Erkundungstouren von **Abrahamtours**, die versuchen, ein ausgeglichenes Narrativ zu bieten.

ADAC Mittendrin

Hirbawi ist die letzte Kafiyya-Fabrik Palästinas und nur zehn Minuten vom Stadtzentrum Hebrons entfernt. Der Inhaber Yasser Hirbawi eröffnete sie 1961 und stellt seitdem die charakteristischen palästinensischen Kopfbedeckungen sowie Schals aus rot-weißen oder schwarz-weißen Mustern her, die man auch in Europa kennt. Yasser lädt dazu ein, ihn bei seinem Kunsthandwerk zu beobachten, und bietet damit sowohl eine kulturelle Erfahrung als auch das ideale Mitbringsel.

Stark auf die palästinensische Perspektive konzentriert sind die Ausflüge der israelkritischen NGO **BreakingThe-Silence**. Beide Anbieter führen Teilnehmer sowohl zum Grab der Patriarchen, den palästinensischen Wohnvierteln als auch den jüdischen Siedlungen. ■ www.abrahamtours.com/tours/hebron-tour, www.breakingthesilence.org.il

Jericho

Uralte biblische Stadt im Jordangraben und ein Paradies für Dattelliebhaber

ℹ Information

■ Tourist Center, Main Square 1, Tel. +970/22 31 26 07, tgl. 8–17 Uhr

Jericho gilt als eine der ältesten Städte der Welt. Hier findet man Spuren von mehr als 10 000 Jahren Zivilisation,

Eine der ältesten Städte der Welt: archäologische Ausgrabungen von Tel Jericho

antike Ruinen und archäologische Funde von Römern, Hasmonäern, Griechen und Persern. Doch Jericho kann mehr als nur Bibelgeschichte. Hier fließt der Jordan ins Tote Meer, Bananenplantagen schmiegen sich an Dattelpalmen, christliche Pilger werfen sich in die Fluten des Jordans, und gelangweilte Kamele warten an den Tankstellen auf ihren nächsten Ausflug.

 Sehenswert

Tel Jericho/Tel Al Sultan
| Ausgrabungsstätte |
Nur 2 km von Jericho kann man sich davon überzeugen, dass diese Stadt viele Völker hat kommen und gehen sehen. Auf dem Hügel von Tel Jericho/

Tel Al Sultan lag einst die antike Stadt; ganze 23 Schichten früherer Siedlungen konnten Archäologen hier zutage fördern. Einer der faszinierendsten Funde ist ein neolithischer Wachturm aus dem Jahr 8000 v. Chr.
■ Tel Jericho/Tel Al Sultan, tgl. 8–17 Uhr, 10 NIS, erm. 7 NIS

Mosaic Centre Jericho
| Museum |
Im Mosaikzentrum Jerichos können Besucher sowohl restaurierte Kunstwerke bewundern als auch Souvenirs erwerben und Künstlern bei der Anfertigung neuer Mosaike zusehen. Das Zentrum konzentriert sich auf die Erhaltung dieser Kunstform und vermittelt Fertigkeiten an eine neue Generation von palästinensischen Künstlern.
■ Jerusalem St 1, Tel. +970/2 23 26 36 42, www.mosaiccentre-jericho.com, Sa–Mi 8–20 Uhr

 Restaurants

€ | **Abu Omar** Abu Omar ist ein typisch arabisches Restaurant mit Falafel, »tabbouleh«, Hummus und süßem Gebäck. Zentral gelegen und eine ideale Adresse für einen Snack zwischendurch. ■
Ein Al Sultan St, So–Do 7–24 Uhr
€ | **Al Essawe** Auf einer Terrasse mit Blick auf den großen Platz im Zentrum Jerichos lockt dieses Lokal mit Kebabs, Falafel und frischer Limonade. Das Team spricht Englisch und hat viel über die Stadt zu erzählen. ■ Jericho Square, So–Do 8–20 Uhr

 Wandern

Wadi Qelt Der Wadi ist eine grüne Oase inmitten der kargen Wüstenlandschaft, die seit Jahrhunderten Asketen

und Sinnsuchende anzieht. In früh-
christlicher Zeit lebten Eremiten in den
Höhlen, die man heute noch in den
Felswänden erkennen kann. Eine Wanderung durch das Flussbett ist zwar
nicht besonders fordernd, sollte aber
auf keinen Fall in den heißen Sommermonaten unternommen werden.

🚗 In der Umgebung

Jabal al Qarantal
| Berg |
Laut Neuem Testament widerstand Jesus auf dem »Berg der Versuchung«
dem Teufel. Der Jabal al Qarantal, ein
360 m hoher Berg, von dem aus man
über ganz Jericho blicken kann, ist außerdem Heimat des griechisch-ortho-
doxen Klosters Qarantal (Deir al Qurun-
tul). Der Ausblick ist beispiellos, zum
Gipfel gelangt man mit einer Seilbahn.
■ Jericho Cable Car Telepherique and
Sultan Tourist Center, Ain es Sultan St, Tel.
+970/22 32 15 90, www.jericho-cablecar.com,
tgl. 8.30–20 Uhr, 60 NIS, erm. 53 NIS

15 Qasr al Yahud

 *Die ursprüngliche Taufstelle Jesu,
umgeben von Ruinen und Pilgern*

ℹ️ Information

■ Qasr Al Yahud Baptism Site, Tel. 026 50
48 44, Sa–Do 8–15/16 Uhr, Eintritt frei
■ Israel Nature and Parks Authority,
Tel. 026 50 48 44, Sa–Do 8–14 Uhr

Dieser Ort scheint nicht von dieser
Welt zu sein. Südöstlich von Jericho,
mitten im Nirgendwo in der Wüste, ragen plötzlich ein Dutzend verfallene
Kirchen hinter Stacheldrahtzäunen in
den Himmel. Einst war Qasr al Yahud
bevölkert von Mönchen und Gläubigen
aller Konfessionen. Denn an dieser
Stelle soll Jesus von Johannes dem
Täufer getauft worden sein. Gelegen in
der Wildnis des Westjordanlands wurde das Gelände nach dem Sechstagekrieg jedoch zum Schauplatz von Gewalt und wurde konsequent abgesperrt

Jordanufer in Qasr al Yahud: Hier soll Johannes der Täufer einst Jesus getauft haben

und vermint. Über 50 Jahre setzte kein Mensch seinen Fuß an den heiligen Ort, erst 2016 wurde er von Minen befreit und wieder eröffnet. Einschusslöcher in den Kirchenwänden zeugen von der kriegerischen Vergangenheit. Wer im Januar seine Reise nach Israel antritt, sollte es nicht verpassen, am Tag der Heiligen Drei Könige nach Qasr al Yahud zu fahren – Zehntausende Christen aus der ganzen Welt begehen an diesem Tag die rituelle Taufe im Jordan.

16 Nablus

In Nablus findet man Seifen, Tahini und an jeder Ecke einen Hamam

Nablus liegt selten auf der klassischen Touristenroute, dabei ist die Stadt neben Ramallah ein wichtiges kulturelles Zentrum des Westjordanlandes. Sie ist Heimat der An-Najah National Universi-

ty, der palästinensischen Börse und der berühmten Har-Bracha-Tahini-Fabrik. Nablus ist berühmt für seine Süßigkeiten, die traditionelle Olivenölseife und Hamamkultur. Die Altstadt ist ein einziger geschäftiger Markt, und die letzte Hochburg der Samariter befindet sich direkt auf dem Berg Gerizim gegenüber.

 Sehenswert

Altstadt
| Stadtteil |

Die Altstadt von Nablus wird vom Markt geprägt. Die kleinen Geschäfte und bunten Marktstände stehen dabei in starkem Kontrast zu den hohen Bürogebäuden und einem fensterlosen Einkaufszentrum aus Beton der modernen Stadt, die für ausländische Besucher eher wenig zu bieten hat. Einmal angekommen im überdachten Shuk der Altstadt wird der ehemalige Glanz

Im Blickpunkt

Der Gazastreifen

Ursprünglich von Ägypten besetzt, wurde der Küstenstreifen, der im Osten und Norden eine 51 km lange Grenze mit Israel teilt, während des Sechstagekriegs von 1967 von Israel erobert. Israel zog seine Truppen jedoch 2005 ab, und seitdem ist der Gazastreifen ein selbstverwaltetes Gebiet, das von der radikalislamischen Hamas regiert wird. Diese vertrieb 2007 die rivalisierende Fatah und brach damit die politische Einheit zwischen Gazastreifen und Westbank. Das führte auch dazu, dass Israel und Ägypten dem Gazastreifen eine Land-, Luft- und Seeblockade auferlegten. Gaza ist mit rund 1,85 Mio. Palästinensern auf 362 km² Fläche einer der am dichtesten bevölkerten Orte der Welt und hat ein jährliches Bevölkerungswachstum von rund 3 %. Gaza ist auch besonders jung: Mehr als 40 % der Einwohner sind unter 15 Jahren. Aufgrund der Grenzschließungen kann die Bevölkerung den Gazastreifen weder verlassen noch frei mit Waren handeln. Die israelische Seite argumentiert, dass die Hamas nur so an einer weiteren Aufrüstung zu hindern sei. Israel hat zudem seine Verteidigungsmaßnahmen verstärkt und weitere Schutzbunker sowie ein neues Luftverteidigungssystem – den Iron Dome – im Süden und in Tel Aviv etabliert.

von Nablus ganz deutlich. Hier gibt es zwei Kirchen, zwölf Moscheen und eine samaritanische Synagoge. Das Essen ist preisgünstig, Töpferwaren und getrocknetes Obst gibt es in Hülle und Fülle. Berühmt ist Nablus insbesondere für seine Seife aus Olivenöl und Ziegenmilch sowie seine türkischen Bäder – es gibt ganze 42 Seifenfabriken in der Altstadt und sechs Hamams.

Albader Soaps
| Seifenfabrik |
Nicht mehr alle alten Seifenfabriken sind noch in Betrieb. Bei Albader neben der Ibrahim-Moschee kann man jedoch noch traditionell hergestellte Seife erwerben wie auch den Prozess ihrer Herstellung beobachten. Der Inhaber Shemech An Nabulsi, jetzt mittlerweile in fünfter Generation des Familienunternehmens, führt Besucher gerne in seiner Werkstatt herum. Ein Stück Seife kostet rund 5 NIS. Nebenan gibt es süße »knaffeh« und Tee.

■ Alnaser St, Altstadt, Tel. +970/9237 0065, Sa–Do 9–14, 16–19 Uhr

Al Shifa
| Hamam |
Bei Al Shifa kann man schwitzen, entspannen und sich massieren lassen. Ein Tag im Hamam ist für viele Palästinenser das Highlight der Woche – wundern Sie sich also nicht, wenn man Sie mit lauter Musik, Gejohle und Schischa-Rauch empfängt. Dienstag und Sonntag ist bis 16 Uhr Frauentag, alle restlichen Tage sind ausschließlich den Männern vorbehalten. Wie so viele Häuser in Nablus hat der Hamam keine Hausnummer – ein farbenfrohes Schild weist von der Alnaser-Straße jedoch in den richtigen Seiteneingang.

■ Alnaser St, tgl. 8–17 Uhr, 35 NIS

Orientalische Bade- und Schwitzkultur im Al Shifa Hammam von Nablus

Berg Gerizim
| Heiligtum |
Der Berg Gerizim, ungefähr drei Minuten Autofahrt von Nablus, ist die letzte Heimat der Samariter. Diese religiöse Gruppe – es gibt nur noch rund 300 Mitglieder – schreibt auf Althebräisch, beruft sich auf das Judentum und hält den Berg Gerizim für den Ort, an dem Gott die Welt erschaffen hat. Auf dem Weg zum Gipfel, im Ort Kiryat Luza, ist das Samaritermuseum. Am Fuß des Berges befindet sich der Jakobsbrunnen, wo 380 n. Chr. eine Kreuzkirche errichtet wurde. Zudem thront auf dem Berg auch die Har-Bracha-Fabrik – eine Tahini-Marke, die sowohl im Westjordanland als auch in Israel überaus beliebt ist. Man kann hier jederzeit vorbeischauen und einen Löffel heiße

Samariter feiern in traditionellen weißen Gewändern das Pessachfest auf dem Berg Gerizim

Sesamsoße probieren. Folgt man dem Weg weiter bergauf, gelangt man an den Yosef-Vantage-Aussichtspunkt, von dem aus man auf Nablus hinunterblicken kann. Der Supermarkt auf dem Berg, von Samaritern betrieben, ist der einzige Ort, an dem man in dem vorwiegend muslimisch geprägten Nablus Alkohol erwerben kann. Dort ruft man Ihnen auch gerne ein Taxi, das Sie zurück in die Stadt bringt.

■ Samaritan Museum, Mount Gerizim Har Bracha, Tel. 05 24 43 32 89, So–Fr 9–15 Uhr, 20 NIS

 Verkehrsmittel

Wer sich mit öffentlichen Verkehrsmitteln fortbewegt, erreicht Nablus mit dem **Bus** von Ramallahs zentraler Busstation aus. Die Fahrt dauert rund eine Stunde und kostet je nach Passagieranzahl um die 15 NIS. Achtung: Die meisten Busse im Westjordanland haben keine Toilette an Bord. An der Busstation von Ramallah gibt es allerdings für 2 NIS sehr gepflegte öffentliche sanitäre Anlagen.

 Restaurants

€ | **Antique** Das Bistro in einer Seitenstraße zur Altstadt bietet frische Säfte, Kaffee, Sandwiches und »nargilas«. Das Publikum ist jung und gemischt, im oberen Stockwerk gibt es eine kleine Galerie. ■ Naser St, Al Gharb Quarter, Tel. 05 98 67 67 19, So–Do 9–18 Uhr

 Events

Mit dem **Nablus Festival** versucht Nablus, den ehemaligen Glanz der Stadt wiederzubeleben und Nablus als kulturelle Destination schmackhaft zu machen. Dafür werden vor allem internationale Künstler eingeladen sowie Performances und Installation in den öffentlichen Raum gebracht (Infos unter www.nablusfestival.org).

Übernachten

Gerade in Bethlehem und Ramallah finden Reisende eine große Anzahl an Übernachtungsmöglichkeiten. Bethlehem bietet hierbei neben regulären Hotels und Hostels auch viele Pilgerhäuser. Orte wie Nablus und Jericho hinken etwas hinterher, in Hebron sind Hotels mehr als rar gesät. Deswegen empfiehlt sich hier eine Tagestour mit anschließender Übernachtung in Bethlehem oder Jerusalem. Das Preisniveau im gesamten Westjordanland liegt unter dem israelischen.

Ramallah 72

€ | Habibi Hostel Das Hostel liegt nur einen Katzensprung vom Al-Manara-Platz entfernt. Der Inhaber Nidal zaubert ein vorzügliches Frühstück, das man auf der Terrasse einnehmen kann, und steckt voller Tipps und Tricks. ■ Alkadis Yohana St 18, 62451 Ramallah, Tel. +970/599 09 90 89, https://de-de.face book.com/habibihostelramallah

€€ | Taybeh Golden Hotel Zwischen Jerusalem und Ramallah, im letzten christlichen Dorf des Westjordanlands, erhebt sich das Hotel zwischen Weinbergen und Kirchen. Neben den Zimmern und Suiten stehen auch möblierte Wohnungen bereit. ■ Taybeh St, Taybeh, Tel. +970/22 89 94 40, www.tay behgoldenhotel.com

Bethlehem 75

€€ | Hosh Al Syrian Guesthouse Eindeutig mehr Boutique-Hotel als Gästehaus, bietet das Haus allen Komfort wie auch die perfekte Location: Man wohnt vier Gehminuten von der Geburtskirche entfernt. Das luxuriöse Backsteinhaus hat ein Restaurant, ein Café und eine Dachterrasse. ■ Star St 17, 18015 Bethlehem, Tel. +970/22 74 75 29, www.hoshalsyrian.com

€€ | Manger Square Hotel Das Haus befindet sich direkt am zentralen Platz der Stadt unweit der Verkündigungskirche. Es bietet kontinentales Frühstück, klimatisierte und komfortable Zimmer sowie eine Hotelbar. ■ Manger Square, Tel. +970/22 77 88 88, www.man gersquarehotel.com

Jericho 81

€ | Auberg-Inn Am Fuß des Bergs der Versuchung bietet diese Pension in einem zweistöckigen arabischen Familienhaus einen komfortablen und authentischen Aufenthalt. Es dient sowohl als Bed & Breakfast wie auch als Hotel. ■ Al Nakheel Street 12, 11590 Jericho, Tel. +970/568 96 60 10, http:// auberginn.ps/jericho

Nablus 84

€ | Turquoise Mit einem Mosaikboden und einer mehrstöckigen Dachterrasse, die einen phänomenalen Blick auf die Stadt gewährt. Das Team arbeitet mit dem Outdoor-Tourenanbieter vom Palestine Bike Trail zusammen. Es gibt einen Hamam, Privatzimmer, Schlafsäle und ein großes Frühstück. ■ Al Naser St 148, Nablus, Tel. 05 98 67 67 19, www.theyallaproject.com

Die Wüste Negev und der Süden

Durch die Weiten des Negev wanderten bereits Jesus, die Israeliten, Moses und heute die Beduinen mit einer ganzen Menge Kamele

Auf den ersten Blick nur Staub, Sand und Stein – dennoch tummelt sich in der Wüste Negev das Leben. Hier wächst Wein, Steinböcke kraxeln über felsige Gebirgskämme, Ziegen knabbern an den trockenen Büschen, Schakale heulen in der Nacht, Bäche brechen im Winter durch die Flussbetten, und im Frühling blüht es in Rot und Weiß. Gründervater Ben-Gurion erklärte es zu einem der wichtigsten Staatsziele, die Wüste – die immerhin die Hälfte des Landes ausmacht – zu erschließen und zu begrünen. Keine einfache Aufgabe, aber langsam scheint es zu funktionieren: Neben den nomadischen Beduinen, die seit Jahrhunderten hier leben, florieren immer mehr Bauernhöfe und Weingüter. In großen Tanks werden Algen gezüchtet, und die Israeli Mars Society trainiert in den schroffen Canyons für eine Zukunft fern der Erde.

Seit die Zuglinien ausgebaut wurden, ist Beer Sheva in Windeseile zu errei-

chen, Inlandsflüge binden Eilat an. Unzählige Nationalparks lassen sich bestens mit dem Jeep, dem Fahrrad oder zu Fuß erkunden, auch der Weg nach Jordanien ist von hier nicht mehr weit. Ein Besuch des Nachbarlands ist nach dem Grenzübergang bei Akaba problemlos möglich, und der jordanische Wadi Rum lockt mit dem Weltkulturerbe Petra.

In diesem Kapitel:

ADAC Top Tipps:

Mitzpe Ramon Jeep Tour
| Krater |
Machen Sie eine Jeeptour durch den größten Erosionskrater der Welt, warten Sie auf die Sternschnuppen oder gönnen sich eine Nacht im Luxushotel mit Blick in den Krater. 94

Eilat Underwater Observatory
| Aquarium |
Schildkröten, Rochen, Haie und 800 weitere Arten von Meeresgetier, Was-

serpflanzen und Korallen tummeln sich in den Aquarien des Unterwasserparks. Kinder können hier das A–Z des marinen Lebens erfahren. 101

ADAC Empfehlungen:

 Ammonitenfelsen bei Mitzpe Ramon
| Landschaft |
An der Ammonitenwand mit Hunderten riesiger spiralförmiger Abdrücke erkennt man, dass die Wüste Negev einst ein Meer gewesen ist. 92

 Sde Boker
| Kibbutz |
Sde Boker war einstmals Ben-Gurions Wahlheimat und ist heute ein idealer Ausgangspunkt für Wanderungen auf dem Negev Highlands Trail nach Massada und Arad. 94

 Timna Park
| Nationalpark |
Rote Steinformationen, Fahrradtouren und Klettern an der Felswand – der

südliche Zipfel der Negevwüste ist schroff, rot und hitzeheiß. 98

 Kfar Hanokdim bei Arad
| Beduinencamp |
Das moderne Camp liegt zwischen Arad, Masada und dem Toten Meer und ist ein idealer Ausgangspunkt für Touren in die Negev-Wüste. 104

17 Beer Sheva

*Die Hauptstadt der Negev-Wüste ist
Heimat von zahlreichen Start-ups*

 Information

■ Abraham's Well International Visitors'
Center, Hebron St 2, 84242 Beer Sheva,
Tel. 086234613, www.beer-sheva.muni.il

In den letzten Jahren hat sich die inof-
fizielle Hauptstadt der Negev gemacht.
Vorbei sind die Zeiten, in denen in Beer
Sheva nur Kamele und Staub regierten.
Die Universität zieht immer mehr Studenten an, der Hightech Park lockt klu-
ge Köpfe an, und Israels Militär verlegt
immer mehr Einheiten in die Wüstenstadt. Doch auch die Vergangenheit
des Ortes kann sich sehen lassen. Beer
Sheva wird schon in der Bibel genannt,
und die archäologischen Funde auf
dem Hügel Tel Beer Sheba zeugen von
einer antiken Stadt. Die moderne Architektur taucht jedoch wohl nicht

einmal in den wildesten Träumen von
Architekturstudenten auf: So viele Gebäude im Stil des Brutalismus hat man
selten gesehen, sie geben dem Ort einen futuristischen, surrealen Touch.

 Sehenswert

Joe Alon Center
| Museum |
Direkt neben dem Kibbutz Lahav befindet sich das einzige Museum in Israel, das sich ausschließlich der Bedui-
nenkultur widmet. Es wurde 1985 mit
dem Ziel gegründet, die Traditionen der
Beduinenstämme des Negev und des
Sinai zu erhalten. Viele Beduinenfami-
lien haben im Zuge der Urbanisierung
und Industrialisierung ihre nomadische
Lebensweise verloren. Das Museum be-
müht sich, wichtige Gebräuche, spirituelle Aspekte und kulturelle Artefakte
zu sammeln, bevor sie verschwinden.
■ Zentrum Kibbutz Lahav, Tel. 08991
3394, www.lahavnet.co.il/joalon/eng,
So–Do 8.30–15 Uhr, 20 NIS

Tel Beer Sheva: Bereits 1000 Jahre vor Christus lag hier eine stark befestigte Stadt

Tel Beer Sheva
| Ausgrabungsstätte |

Beer Sheva war in vorchristlicher Zeit ein wichtiger Knotenpunkt für Wüstenkarawanen und wird in der Bibel ganze 33-mal erwähnt. Eine archäologische Stätte unweit der Stadt zeugt von Siedlungsspuren aus dem 4. Jt. v. Chr. Im Jahr 2007 wurde der Hügel Tel Beer Sheva als UNESCO-Weltkulturerbe anerkannt – Brunnen, Altare und ein Wassersystem sind bis heute erhalten und geben Auskunft über die Lebensweise antiker Zivilisationen.

■ Tel Beer Sheva National Park, Tel. 086 46 72 86, tgl. 8–15, 14 NIS, erm. 7 NIS

 Verkehrsmittel

Wer das Auto lieber zu Hause stehen lassen will, erreicht Beer Sheva problemlos und schnell mit dem **Zug** aus Tel Aviv. Aus dem Süden fahren von Eilat aus mehrmals täglich **Busse**.

 Parken

In Beer Sheva gibt es tatsächlich noch Parkplätze in Massen. Alternativ findet man am Bahnhof rund um die Uhr kostenfreie Stellplätze.

 Kinder

Carasso Science Park Kinder, die wissenschaftlich interessiert sind und gerne selber experimentieren, werden sich im Carasso Science Park pudelwohl fühlen. Das größte Technikmuseum in ganz Israel bietet ganze zehn interaktive Ausstellungen und einen sogenannten »wissenschaftlichen Kinderspielplatz«. ■ HaAtsmaut St 79, Tel. 086 25 26 00, www.sci-park.co.il, Sa–Do 10–18, Fr 10–15 Uhr, 59 NIS

Im Blickpunkt

Vom Nomadentum

Viele Beduinenstämme der Region haben das Land verlassen oder ihren nomadischen Lebensstil aufgegeben. In der Negev-Wüste ließen sich viele von ihnen in sieben Townships nieder. Manche Familien gründeten kleine, nicht anerkannte Dörfer, die ohne jegliche Planung errichtet worden waren und weder über Strom noch fließendes Wasser verfügen. Der globale Preisverfall bei landwirtschaftlichen Erzeugnissen, moderne Technik sowie Landenteignung haben vielen Beduinen die Lebensgrundlage entzogen.

 In der Umgebung

Lakyia-Weberei
| Weberei |

Die Lakiya-Negev-Weberei wurde vor 30 Jahren als gemeinnütziges Projekt für Beduinenfrauen aus der Negev-Wüste gegründet. Über 100 Frauen lernen hier das Handwerk des Spinnens und Webens. Lakiyas Teppiche werden aus der Wolle von Wüstenschafen erstellt und die traditionellen Muster, Stoffe und Farben mit westlichen Designstilen verbunden. Im Besucherzentrum beobachtet man die Produktion der Kleidungsstücke und kann zudem Workshops zu Stickerei und Goldschmieden belegen. Es gibt keine regulären Öffnungszeiten, für einen Besuch sollten Sie sich vorher telefonisch anmelden.

■ The Association for the Improvement of Women's Status/Desert Embroidery, Lakyia, Tel. 086 51 32 08, https://desert-embroidery.com

18 Mitzpe Ramon

*Der riesige Erosionskrater ist Israels
Antwort auf den Grand Canyon*

 Information

■ Visitor Center Mitzpe Ramon, Ma'ale
Ben Tur St, Tel. 08 65 88 691, www.negev
tour.co.il, tgl. 8–16 Uhr, Eintritt zum Besucherzentrum 28 NIS, erm. 14 NIS

Vor Hunderten von Millionen von Jahren war Israels Wüste von einem Ozean
bedeckt. Als dieser sich zurückzog,
hinterließ er einen Hügel, der Wind und
Wetter ausgesetzt war und schließlich
durch Flüsse aufgeweicht wurde und
erodierte. Das Ergebnis ist heute ein
etwa 400 m tiefer Krater, der Mach-
tesch Ramon, der mehr nach Mond
oder Mars als nach dem Planeten Erde
aussieht. Im angrenzenden Dorf Mitzpe
Ramon hat sich eine lebendige Künst-
lergemeinde etabliert. Im Norden des
Ortes wurden in den letzten zehn Jahren alte Hangars und Lagerhäuser renoviert und anschließend in Werkstätten und Ateliers verwandelt.

 Sehenswert

Mitzpe Ramon
| Dorf |
Auf der Klippe zum großen Krater sitzt
das Dorf Mitzpe Ramon und ist die erste
Anlaufstelle für einen Besuch der Kra-
terregion. Im Besucherzentrum erhält
man nicht nur eine Beratung und Kar-
tenmaterial für Wanderungen, sondern
ebenso eine 3D-Präsentation, in der die
geologische Entstehung des Machtesh
und die Tierwelt der Wüste beschrieben wird. Das Zentrum ist auch Tor zum
Krater, der Eintritt ist kostenpflichtig.

Ammonitenfelsen
| Landschaft |

 *Der ehemalige Ozean hat Spuren
auf den Felsen hinterlassen*

Die Ammoniten – eine ausgestorbene
Gruppe von Meeresmollusken – haben
auf den Felswänden der Negev Hun-
derte von riesigen spiralförmigen Ab-
drücken hinterlassen. Von Mitzpe Ramon fahren Sie in südlicher Richtung
auf der Landstraße Nr. 40 in Richtung
Eilat und halten nach etwa 11 km bei
einem braunen Schild mit der Auf-
schrift »Ammonite Wall«. Am Straßenrand befindet sich ein großer Seitenstreifen, wo das Auto problemlos
abgestellt werden kann. Es empfiehlt

sich, viel Wasser und Sonnenschutz mitzubringen. Bis zur Mauer dauert der Weg zu Fuß rund 15 Minuten.

Carmey Avdat Farm

| Weingut |

Hannah und Eyal Izrael errichteten ihr Weingut auf den Überresten einer 1500 Jahre alten landwirtschaftlichen Siedlung und einem historischen Weinberg, der auf der Gewürzstraße lag, die sich hier in früherer Zeit durch die Wüste zog. Karmey Avdat ist eine der Farmen auf der sogenannten Weinstraße im Negev-Hochland. Der erste Ertrag wurde erst im Jahr 2002 geerntet. Wer zu viel gekostet hat, kann zum

Glück auch über Nacht bleiben: Das Weingut bietet Besuchern elegante Gästezimmer an. Eine Weinprobe sollte vorher telefonisch arrangiert werden.

■ Midreshet Ben-Gurion, Tel. 086 53 51 77, www.carmeyavdat.com, tgl. 9–18 Uhr

 Verkehrsmittel

Wer mit **öffentlichen Verkehrsmitteln** aus dem Norden nach Mitzpe Ramon anreist, muss einen Bus nach Beer Sheva nehmen und dann mit der Buslinie 60 oder 64 weitere 80 km nach Mitzpe Ramon fahren. Aus dem Süden verkehren von Eilat aus den ganzen Tag über Direktbusse.

Im Machtesch-Ramon-Krater lassen sich verschiedenste Gesteinsschichten ausmachen

Kinder

Bio-Ramon Zoo In diesem kleinen Tierpark kann man Wüstentiere beobachten, denen man in der Wildnis wahrscheinlich nicht so ohne Weiteres begegnen würde: Schlangen, Skorpione, Schildkröten, Nagetiere, Eidechsen, Igel, Stachelschweine und Eulen können im Bio-Ramon Zoo in ihrem natürlichen Lebensraum in Augenschein genommen werden. Der botanisch-ökologische Garten porträtiert zudem sechs typische Wüstenhabitate, verschiedene Pflanzenarten sowie geologische Besonderheiten der Umgebung. ■ Bio Ramon Living Desert Museum, Nahal Nikrot, Tel. 08 65 88 7 55, tgl. 8–16 Uhr, 20 NIS

 Erlebnisse

 Eine Jeeptour durch den größten Erosionskrater der Welt

Am besten erkundet man die Kraterlandschaft des Mitzpe Ramon via 4 x 4-Allradantrieb auf einer **Jeeptour**. Mehrere Firmen, die meisten sesshaft in Mitzpe Ramon, bieten Ausflüge mit dem Jeep an. Empfehlenswert sind Adam Sela Jeep Tours, die unter www.adamsela.com gebucht werden können. Fern von aller Lichtverschmutzung kann man in den Kratern wunderbar die Sterne zählen. Bei einer **Astronomietour** lernt man zudem den Himmel etwas professioneller kennen. Ira Machefsky von Astronomy Israel bietet zweistündige Ausflüge an (www.astronomyisrael.com).

 Wandern

Eine **Kraterwanderung** im Ramon ist einfacher, als man denkt. Im Besucherzentrum erhält man Routenkarten. Die kürzeste Wanderung dauert ungefähr zwei Stunden, die längste einen ganzen Tag. Ausflüge nach Sonnenuntergang sind verboten. Eine Zusammenstellung der Wanderwege findet man auch online: www.negevtrails.com.

19 Sde Boker

 Ben-Gurions Wahlheimat und Zentrum für Outdoor-Spaß im Negev

i **Information**

■ www.sde-boker.org.il

Der Kibbutz Sde Boker steht vor allem für dreierlei: Ben-Gurions Wahlheimat, die Weinstraße und Wanderwege. Viele Israelis haben sich auf der Suche nach einem alternativen Lebensstil in dieser Gegend angesiedelt. Sie betreiben Bauernhöfe und Permakultur, stellen Ziegenkäse her oder vermieten private Zimmer, von denen aus man Erkundungstouren in die Umgebung beginnen kann. Der Staat belohnt Wüstenpioniere und subventioniert gerne,

ADAC Mobil

An der Küste, in der Wüste oder auch durch den Wald – Israel bietet **Radfahrern** einen bunten Mix. Der Israel National Bike Trail (www.ibt.org.il/en) führt vom Hermon im Norden bis nach Eilat im Süden, wobei er in der Wüste durch Mitzpe Ramon verläuft. Weitere abenteuerliche Strecken finden sich bei den Birya-Bergen in Amouka und in Timna. Ausführliche Streckeninfos findet man auf den Internetseiten des Jewish National Fund.

Dieses Haus im Kibbutz Sde Boker bewohnte David Ben-Gurion nach seiner aktiven Zeit

wenn sich jemand dafür entscheidet, die Wüste fruchtbar zu machen.

 Sehenswert

Negev-Weinroute

| Weinstraße |

Die Negev-Weinstraße überrascht ihre Besucher! Inmitten der rauen Wüstenlandschaft gedeihen Trauben mehr recht als schlecht. Der Einsatz von smarter Technologie und Tropfbewässerung haben aber zu einem regelrechten Weinboom im Negev geführt. Der Highway 40 zwischen Beer Sheva und Mitzpe Ramon ist Teil der sogenannten Negev Wine Route, die insgesamt 25 Bauernhöfe und Winzer einschließt.

Das Weingut Sde Boker – das erste auf der Strecke – wurde vor 15 Jahren gegründet und befindet sich noch heute in der alten Gemeinschaftswäscherei des Kibbutz. Weitere Farmen erstrecken sich in der Nachbarschaft: Das Rota-Weingut, die Ramat HaNegev Farm oder der Boker Valley Vinyard sind nur einige davon. Eine Liste der besten Weingüter und organisierte Touren finden Sie auch im Internet unter www.israelwinetour.co.il.

■ Sde Boker Winery, Sde Boker, Tel. 05 07 57 92 12, tgl. 10–14 Uhr

Ben-Gurion's Home

| Museum |

Als der Kibbutz Sde Boker 1952 gegründet wurde, war der damalige Premierminister Ben-Gurion wohl sehr beeindruckt. In einem Brief wandte er sich an den Kibbutz mit der Bitte, Teil der Gemeinschaft zu werden. Bis heute kann man das ehemalige Haus des Politikers besuchen. Etwas südlich vom Kibbutz befindet sich außerdem seine Grabstätte mit weitem Blick über das Zin-Tal. Mehr Informationen zu Ben-Gurions Vision einer lebendigen Wüste findet man unter www.bgh.org.il.

■ Sde Boker, Tel. 08 656 04 69, So–Do 8.30–16, Fr 8.30–14, Sa 10–16 Uhr, 20 NIS

En Avdat
| Nationalpark |

Ein Fluss namens Tsin hat eine tiefe Schlucht in die Wüste gegraben. Heute speisen drei Quellen den Bach, der das ganze Jahr hindurch durch den En Avdat Park fließt und die Gegend in eine Oase verwandelt. Hier leben Steinböcke, Geier, und in byzantinischen Zeiten waren hier auch asketische Mönche, die die Abgeschiedenheit suchten, zu Hause. Vom Aussichtspunkt En Ma'arif hat man den besten Blick in die Schlucht. Eine Sammlung offizieller Wanderrouten durch den Canyon findet man unter www.negevtrails.com/ein-avdat-trail.

■ En Avdat National Park, tgl. 8–15 Uhr, 24 NIS, erm. 14 NIS

Golda Meir Park
| Naturpark |

Im Herzen der Wüste, am Ufer des Revivim-Flusses, schuf der Jewish National Fund einen frei zugänglichen Erholungsort mit See, grünen Rasenflächen, Picknickplätzen und einem malerischen Aussichtspunkt.

Yeruham Park
| Naturpark |

Im Yeruham Park, ebenfalls etabliert durch den Jewish National Fund, kommen Fahrradfahrer auf ihre Kosten. Um den von Menschenhand geschaffenen Yeruham-See führen Wander- und Radwege, die jeweils am Eingang zum Park nahe der Yeruham Junction beginnen. Der Damm, der den See aufstaut, wurde Ende der 1950er-Jahre errichtet, um das Hochwasser des Flusses Revivim für die Bewässerung zu nutzen. Nach Jahren der Vernachlässigung ist der künstliche See endlich wieder zu einem Erholungsort geworden.

 Restaurants

€ | Kornmehl Farm Das Restaurant der Kornmehl-Ziegenfarm wurde 2007 eröffnet und bietet alle Käseformen- und farben an, die man von Ziegen erwarten kann. Die Zucht ist rein ökologisch, es werden weder Antibiotika noch Hormone eingesetzt. Der Bauernhof liegt am Highway 40, etwa 2 km nach

In En Avdat hat das Quellwasser mitten in der Wüste einen tiefen Canyon ausgewaschen

der Tlalim-Kreuzung in Richtung Sde Boker. Der Käse wird von Dienstag bis Sonntag zwischen 10 und 18 Uhr verkauft, und es gibt die Möglichkeit, am Nachmittag beim Melken zuzusehen. ■

Kornmehl-Restaurant, Tlalim-Kreuzung, Tel. 086 55 51 40, Di–So 10–18 Uhr

 Erlebnisse

Im Herzen des malerischen Zin-Tals liegt die **Sde Boker Field School**, eine Forschungsstation für Geografie und Geologie sowie ein idealer Ausgangspunkt für Ausflüge aller Art in den Negev. Die meisten Wanderrouten und Radwege in der Umgebung von Sde Boker beginnen und enden an dieser Schule. Hier gibt es auch ein großes Fahrradgeschäft, GeoFun, in dem Sie Fahrräder ausleihen können (www.geofun.co.il).

 Sport

Terrassenweg Der ungefähr 10 km lange Rad- und Rundweg beginnt an der Haroah Recreation Area und führt entlang des Flusses Nahal Haroah, bevor es schließlich nach Norden zum Haroah-Flussbett geht.

 Wandern

Har HaNegev Der sogenannte Highlands Negev Trail (Har HaNegev) verläuft direkt durch Sde Boker und ist in sechs Tage und sechs Module unterteilt. Auf dem Weg begegnet man sicher dem einen oder anderen Steinbock und Raubvogel. Die perfekte Zeit für Wanderungen ist der Frühling, wenn die Wüste für ein paar Wochen aufblüht. Sobald der Sommer kommt, macht die Hitze lange Fußmärsche oft unmöglich. Für alle Vorbereitungen

ADAC Wussten Sie schon?

Mehrmals im Jahr ist die Luft plötzlich gelb und der Wind so heiß, als käme er aus einem gigantischen Föhn: Die **Khamsim** sind da. Gerade im Frühjahr legen Winde aus der Sahara (arab. Khamsim) das Land für ein paar Tage lahm und heben die Temperatur kurzzeitig auf über 45 Grad an. Schon die Bibel spricht von diesen Hitzewellen und nennt sie »die Winde Gottes«.

und Vorsichtsmaßnahmen sollten Sie die offizielle Seite des Har HaNegev konsultieren: www.negevtrails.com.

 In der Umgebung

Negev Camel Ranch

| Kamelranch |

Die 1986 gegründete Ranch züchtet Reitkamele und bietet Kameltouren an. Der Eintritt zur Farm selbst ist frei, Ritte sind kostenpflichtig, und Vorkenntnisse sind nicht erforderlich. Die unterschiedlichen Touren dauern zwischen einer Stunde und mehreren Tagen. Es sind zudem Kosmetik aus Kamelmilch sowie Kamelmilch-Eiscreme im Angebot.

■ Dimona Kvish 25, Tel. 086 55 28 29, www.cameland.co.il, tgl. 9–18 Uhr

20 Arava-Wüste

Umweltexperimente und Aussteigertum in der Senke südlich des Toten Meers

Hier ist die Wüste am einsamsten: Das dünn besiedelte Arava-Tal erstreckt sich vom Roten Meer bis zum Toten Meer und bietet einige der extremsten, heißesten und leersten Landschaften

Israels. Insbesondere der Timna-Park mit seinen roten Steinformationen ist besonders eindrucksvoll und das Ziel vieler Outdoor-Aktivitäten. Die Arava ist Teil des syrisch-afrikanischen Grabenbruchs, der sich über 6000 km vom Libanon bis nach Zentralmosambik erstreckt, und gilt als einer der trockensten Orte der Erde.

 Sehenswert

Timna Park
| Nationalpark |

 Rote Steinformationen, Radtouren und Klettern an der Felswand

Etwa 25 km nördlich von Eilat erheben sich die roten Sandsteinhügel des Timna-Parks mit einem blauen Wüstensee in seiner Mitte und der weltweit ersten Kupfermine. Die Gegend war bereits vor etwa 6000 Jahren besiedelt, das beweisen ein ägyptischer Tempel und eine prähistorische Felsgravur. Das Tal ist ein perfekter Ort zum Radfahren, Wandern und die Seele baumeln lassen.
■ www.parktimna.co.il, Sa–Do 8–16, Fr 8–15 Uhr, 49 NIS, erm. 39 NIS

ADAC Spartipp

Seit den 1970er-Jahren hält die Faszination für den **Kibbutz** gerade bei Europäern an. Ein Aufenthalt zur Ernte oder für soziale Arbeit reduziert das Reisebudget ungemein. Eine Übersicht findet man bei Nefesh B' Nefesh: www.nbn.org.il. Alternativen zum Kibbutz sind die WWOOF-Farmarbeit (www.wwoof.org.il) oder die Teilnahme an einem geförderten Programm wie einem Freiwilligen Sozialen Jahr: www.freiwilligenarbeit.de/freiwilligenarbeit-israel.html.

Im Blickpunkt

Post-Kibbutz

Auch wenn sie heute nur noch selten ihren ursprünglichen Idealen entsprechen, so bilden die sozialistisch-utopischen Agrargemeinschaften doch einen der Grundsteine des heutigen Israel. Einer der ersten sogenannten Kibbutzim, Deganya südlich des Sees Genezareth, wurde bereits 1910 gegründet. In den Jahren nach der Staatsgründung setzte der Kibbutz-Boom ein und machte Israel zu einer Ansammlung landwirtschaftlicher Siedlungen, in denen die Mitglieder nach sozialistischen Prinzipien lebten. Heute gibt es über 270 solcher Dörfer – seit den 1970er- und 1980er-Jahren wurden jedoch viele von ihnen privatisiert. Dies ging einher mit der wirtschaftlichen Entwicklung in Israel und dem Wunsch vieler Mitglieder, am freien Markt teilzunehmen.

Kibbutz Lotan
| Kibbutz |

Als Zentrum für Umwelterziehung ist der Kibbutz Lotan eine wichtige Institution für Forschung und Naturschutz in der Wüste. In seinem interaktiven Park lernen Besucher das A–Z der Agrikultur in trockenen Gebieten und können an Workshops im sogenannten EcoCampus teilnehmen. Der Kibbutz bestreitet sein Einkommen durch den Anbau von Datteln, die Zucht von Milchkühen und Ziegen sowie Ökotourismus einschließlich der Vogelbeobachtung und ganzheitlicher Medizin. Das Hauptaugenmerk liegt auf Wasser-Shiatsu. Der Kibbutz ist Mitglied der Bewegung für progressives Judentum und nimmt am Global Ecovillage Network teil.

■ Center for Creative Ecology Lotan, Hevel Eilot, Tel. 05 49 79 90 30, www.kib butzlotan.com

 Verkehrsmittel

In die Arava-Wüste reist man am besten mit dem Auto und bleibt damit vor Ort flexibel. Eine Fahrt mit dem **Timna Safari Shuttle** von Eilat, das von Tourist Israel betrieben wird, dauert etwa 20 Minuten, ist verbunden mit einer Rundfahrt durch den Park selbst und kostet 90 NIS. ■ Reservierungen nur online unter www.touristisrael.com/tours/timna-park-shuttle-safari

 Sport

Timna Park Bike Trail Der Timna Park lässt sich ideal auf zwei Rädern erkunden. Die bekannteste Route ist der Timna Park Single Track und erstreckt sich auf rund 14 km Länge. Der Jewish National Fund verleiht Fahrräder und Mountainbikes für 60 NIS pro Tag am See des Timna-Parks. Dies ist ein guter Ausgangspunkt, um sich auch über Wetterverhältnisse und den Streckenverlauf aufklären zu lassen. Mehr Informationen bietet die offizielle Seite des Parks unter www.parktimna.co.il.

■ **In der Umgebung**

Desert Ashram

| Veranstaltungszentrum |
Im Desert Ashram, einem spirituellen Zentrum mitten in der Arava-Wüste, finden regelmäßig Festivals, therapeutische Workshops sowie ein Work Meditation Program (WOMP) statt, das allen Interessierten offensteht. Es gibt

Trotz der Trockenheit leben in der Arava-Wüste auch Gazellen und Steinböcke

mehrere Seminarräume, einige Gästezimmer sowie einen Meditationssaal mit Blick auf die Wüste, einen Speisesaal und Campingbereiche mit einem Pool. Auf dem Programm stehen Yoga, Tantra, Vipassana, Tai Chi und Qigong.

■ Im Dorf Shitim, Tel. 05 23 82 46 17, www.desertashram.co.il

21 Eilat

Urlaubsresort und Korallenriffe an der Südspitze Israels am Roten Meer

 Information

■ Tourist Information Center Eilat, HaToren St 3, 88116 Eilat, Tel. 08 63 0 91 11, https://info.goisrael.com, So–Do 8.30–17 Uhr

ADAC Mobil

Nach Eilat führen viele Wege. Neben Bus und Bahn besteht auch die Möglichkeit eines **Inlandsflugs** vom Ben-Gurion-Airport. Mögliche Fluglinien sind El Al, Arkia und Israir.

Eilat, die Tourismushauptstadt des Südens, liegt im Fadenkreuz von zwei Grenzen und einer Küste. Die Stadt ist nicht nur Ferienresort für internationale Urlauber, sondern auch für Israelis, die schnorcheln und ausspannen wollen. Eilat bietet rund ums Jahr ein warmes und trockenes Wüstenklima und liegt am Fuß der auslaufenden Berge der Negev-Wüste und der Sinai-Gebirgskette im Golf von Eilat und Akaba. Bei guter Sicht kann man in der Ferne sogar die Küste Saudi-Arabiens erkennen. Die Strände sind bekannt für ihr ruhiges Wasser sowie für die unzähligen Hotels, die sich an der kurzen Küste aneinanderdrängen. Touristen in Eilat sind auf der Suche nach Entertainment – in den Restaurants und Bars ist immer etwas los. Tagsüber locken Wassersport und Tagesausflüge auf die Sinai-Halbinsel oder in die Arava-Wüste.

◉ Sehenswert

Dolphin Reef
| Tierpark |
Das Riff von Eilat beherbergt eine bunte Auswahl an tropischen Fischen, Korallen und sogar Delfinen. Seit 20 Jahren gibt diese Anlage Besuchern die Möglichkeit, die Tiere in ihrem natürlichen Lebensraum zu erleben. Die Delfine werden nicht gefangen gehalten, sondern leben in freier Wildbahn mit offenem Zugang zum Meer. Es gibt einen Plankenweg und schwimmende Plattformen, von denen aus man sie gut beobachten kann. Alternativ besteht auch die Möglichkeit eines Tauchgangs, bei dem die Delfine schon mal auf engere Tuchfühlung gehen.
■ Dolphin Reef Beach, Tel. 086 30 0111, www.dolphinreef.co.il, Mo–Sa 9–23 Uhr, 64 NIS, erm. 54

Panoramablick vom Turm des Eilat Underwater Observatory auf die Küste

Eilat Underwater Observatory
| Aquarium |

 Unzählige Meerestiere in ihrer natürlichen Umgebung beobachten

Der Marine Park von Eilat ist die Heimat von über 800 Arten von Fischen, Korallen, Robben, Haien, Pflanzen und anderem Meeresgetier. 1974 gegründet, ist er Aquarium und Naturschutzzentrum in einem. Definitive Highlights sind das riesige Haifischbecken und der begehbare transparente Unterwassertunnel. Gegen eine Gebühr kann man mit einem Glasbodenboot über das Korallenriff fahren, was jedoch im Voraus angemeldet werden muss.

■ Almog Beach, Tel. 086 36 42 00, www. coralworld.co.il, tgl. 9–16 Uhr, 99 NIS, erm. 79 NIS

Coral Beach
| Nationalpark |

Das Coral Beach Nature Reserve Eilat ist eines der wenigen Korallenriffe, das bis heute vor der Zerstörung bewahrt werden konnte. Es erstreckt sich über rund einen Kilometer entlang der Küste von Eilat und bietet Tauchern und Schnorchlern eine schillernde Unterwasserwelt. Der Park dient gleichzeitig als öffentlicher Badestrand mit Cafés, Duschen und Liegestühlen.

Botanischer Garten
| Botanischer Garten |

Der botanische Garten von Eilat vereint viele Attraktionen für Naturliebhaber: Es gibt Bäche und Wasserfälle, ein Vogelschutzgebiet und sogar einen tropischen Regenwald. Über 1000 verschiedene Arten von Bäumen, Büschen und anderen Pflanzen werden hier gezüchtet. Im Gift Shop sind seltene Spezies, handgefertigte Blumentöpfe und weitere Töpferwaren erhältlich.

■ Carmel St 14, Tel. 086 31 87 88, www. botanicgarden.co.il, So–Do 8.30–17, Fr, Sa 9.30–15 Uhr, 28 NIS, erm. 22 NIS

Red Canyon
| Landschaft |

Nur 20 Minuten nördlich von Eilat spaziert man im Red Canyon durch den Fels in Rot und Weiß, zwängt sich durch Felsvorsprünge und wandert durch ausgetrocknete Flussbetten. Der Weg ist gekennzeichnet, einfach zu erreichen und dauert rund eineinhalb Stunden.

 Einkaufen

Eilat Stone Jewelry Seit jeher ist der blaugrüne Eilat-Stein ein Liebling der israelischen Schmuckdesigner. In der Eilat Stone Jewelry können sowohl fertige Schmuckstücke als auch lose Steine erworben werden. Bei einer Tour lernt man vom Schneiden bis zum Polieren und Schmieden alles über die Herstellung und die Besonderheiten dieses einzigartigen Steins. ■ HaTsoref St 7, Tel. 086 37 85 51, www.judaicaweb store.com, So–Do 9–19, Fr, Sa 9–14 Uhr

King Solomon Promenade Die Promenade kann man nicht verfehlen. Die Einkaufsstraße mit vielen Geschäften führt direkt am Ufer entlang. Hier lässt sich ein Spaziergang mit dem Einkaufsbummel verbinden. Es gibt außerdem zahlreiche Restaurants und Eisdielen.

 Events

Vier Tage lang wird Eilat von Jazz und Swing und Blues beherrscht: Das **Red Sea Jazz Festival** genießt auch international einen ausgezeichneten Ruf und lockt Musiker aus der ganzen Welt in den Ferienort am Roten Meer.

■ www.redseajazz.co.il

22 Petra

*Rote Felsen und Grabtempel in der
einstigen Hauptstadt der Nabatäer*

i Information

■ Visitor Center Petra, Wadi Musa Petra,
Tel. +962/32 15 70 93, www.visitpetra.jo,
tgl. 6–18 Uhr

Von der UNESCO als eines der »wertvollsten Güter der menschlichen Kultur« beschrieben, erhebt sich mitten in den Weiten des Wadi Rum und Wadi Musa im Süden Jordaniens die in den Felsen gehauene antike Stadt Petra. Um 300 v. Chr. als Hauptstadt der Nabatäer gebaut, wurde sie erst vor rund 200 Jahren von der westlichen Welt entdeckt. Petra war stets ein Knotenpunkt für Händler aus der gesamten Gegend: Kamelkarawanen vom Mittelmeer, aus Ägypten und dem heutigen Syrien trafen sich in dieser Wüstenstadt.

Um vom Süden Israels nach Petra zu gelangen, muss man zunächst die Wüste des Wadi Rum durchqueren. Er ist rauer als der Negev – riesige Schluchten tun sich auf, dramatische Felsformationen recken sich gen Himmel, es ist klirrend kalt bei Nacht und brütend heiß am Tag. Die höchste Erhebung ist der Jabal Umm ad Dami mit 1840 m.

Der Wadi ist die Heimat der Zalabia-Beduinen, die den Tourismus mittlerweile zu ihrer Haupteinnahmequelle gemacht haben. Sie bieten Wander- und Kletterausflüge, Kamel- und Pferdesafaris sowie Beduinenzelte mit allem Komfort. Wer auf eigene Faust durch den Wadi reist, sollte sich an die offiziellen Wege halten – das wachsende Aufkommen von Geländefahrzeugen schädigt die fragile Wüstenökologie.

Verkehrsmittel

Viele **Touren nach Jordanien** starten in Eilat, da man im Gegensatz zum Allenby Crossing im Norden hier kein im Voraus arrangiertes Visum benötigt. Sollten Sie gemeinsam mit einem israelischen Staatsbürger reisen, empfiehlt es sich aber, im Voraus einen Shuttle für die jordanische Seite zu buchen, da Israelis sonst eine Einreise verweigert werden kann. Taxifahrer warten nach Überqueren der Grenze und bringen Sie nach Aqaba – hier kann man auch ein Auto mieten – oder direkt in den Wadi Rum zum dortigen Visitor Center.

Erlebnisse

Vor allem bei einem erstmaligen Besuch ist eine **geführte Tour** eine gute Möglichkeit, um sich in einem sicheren Rahmen mit dieser Landschaft vertraut zu machen. Die Touranbieter bringen Touristen im Jeep nach Petra oder mit dem Kamel an versteckte Orte des Wadis. Marktführer sind hier die Agenturen Eco Desert Tours, Bein Harim, Beduin Roads und Abraham Tours.

Sport

Der **Wadi Rum** ist ein Kletterparadies mit Tradition. Die Beduinen selbst überqueren seit vielen Generationen das Sandsteingebirge des Wadis, und viele der sogenannten Beduinenstraßen wurden von modernen Kletterern wiederentdeckt. Im Besucherzentrum erhält man Tourenkarten. Wer keine organisierte Tour bucht, muss seine Ausrüstung allerdings selbst mitbringen.

Rund um Petra hat die Erosion wundersame Formen aus dem Sandstein gewaschen

Übernachten

Im gesamten Süden Israels sowie in Jordanien wird ein Hauptaugenmerk auf den Ökotourismus gelegt. Besonders die Beduinen haben sich mit dem Tourismus in den letzten Jahrzehnten ihre Haupteinnahmequelle gesichert und bieten Besuchern authentische Zelthotels und Tagestouren. Zudem haben sich viele Aussteiger und alternative Gemeinden in den Weiten der Wüste niedergelassen und vermieten »zimmerim« oder ein Bett im Kibbuz. Der Ferienort Eilat hingegen wartet mit riesigen Hotelkomplexen und luxuriösen Resorts auf.

Beer Sheva 90

€€ | Leonardo Hotel Beer Sheva Solider Komfort der israelischen Hotelkette Leonardo, die auch im Ausland vertreten ist, und zentraler Standort in der Nähe des Carasso Science Park und der Universität. Ein eher großer Hotelkomplex mit Außenpool, Gratisparkplatz, kostenlosem WLAN und großem Frühstücksbüfett. ■ Henrietta Szold St 4, 8489430 Beersheva, Tel. 086 405444, www.fattal-hotels.com

Mitzpe Ramon 92

€ | Silent Arrow Ein paar Schritte von der Kraterklippe, etwa 900 m über dem Meeresspiegel und nur wenige Gehminuten von Mitzpe Ramon entfernt, schläft man in sogenannten Domes – Zelten mit allem Komfort. Es gibt Toiletten, Duschen und eine gut ausgestattete Küche, Gewürzgärten und viele Ruhezonen, auf dem gesamten Gelände allerdings keinen Strom! ■ Sfat Midbar 1, Mitzpe Ramon, Tel. 0526 611561, www.silentarrow.com

(19) **€€ | Kfar Hanokdim** Im Kanaim-Tal der Judäischen Wüste, zwischen der Stadt Arad und Masada, liegt eine grüne Oase: das Dorf Hanokdim. Das malerische Wüstenresort bietet Zelte aus Ziegenhaar, geräumige Lodges, Palmen und eine Kamelherde – ein wunderbarer Ort, um die Welt zu vergessen oder mit den Beduinen die Berge zu erkunden. ■ Kfar Hanokdim, 8911501 Arad, Tel. 089950097, www.kfarhanokdim.co.il

Sde Boker 94

€ | Naot Farm Die Farm wurde im Jahr 2003 in Ramat Hanegev am Stadtrand von Sde Boker gegründet und ist umgeben von felsigen Hügeln, von denen aus man sich den Sonnenuntergang nicht entgehen lassen sollte. Es gibt Gästezimmer, Hängematten und Lagerfeuerplätze. Ein besonderes Kleinod: das Schlafen in einem umgebauten, klimatisierten Wasserrohr – man nennt es auch das Tube Hostel. ■ Tlalim Negev, 8499933 Sde Boker, Tel. 0544 218789, www.naotfarm.co.il

Eilat 99

€ | HI Eilat Nur fünf Gehminuten vom Strand und 3 km vom Dolphin Reef entfernt liegt dieses klassische Hostel mit Dorms sowie Privatzimmern. Gratis-WLAN, Küche, kostenloses Frühstück, Terrasse, Außenpool und eine Dachterrasse mit Blick auf das Meer. Auch Parkplätze sind vorhanden. ■ Derekh Mitsrayim 18, 8810101 Eilat, Tel. 02 59 45 61 1, www.iyha.org.il/en

€€ | Kibbutz Neot Smadar Als Kibbutz und Kulturzentrum vermittelt eine Übernachtung in Neot Smadar Komfort und Erlebnisse zugleich. Die Gemeinde, 60 km nördlich von Eilat, beherbergt ein Dutzend Ateliers für Glasmalerei, Keramik, Textil-, Holz- und Metallarbeit. Das am Straßenrand gelegene Restaurant Pundak Neot Smadar serviert eine vegetarische Küche und verkauft die Bio-Produkte des Kibbutz. ■ Neot-Smadar-Shizafon-Kreuzung, 8886000 Eilat, Tel. 05 49 79 88 98 www.neot-semadar.com

€€€ | Herods Vitalis Spa Hotel Das Herods Vitalis ist ein kleines und für Eilat-Verhältnisse recht exklusives Wellnesshotel mit Fünf-Sterne-Restaurant und Spa. Ideal für den romantischen Kurzurlaub, weniger geeignet für Kinder. ■ Ha-Yam St 8, 8808000 Eilat, Tel. 086 38 01 27, www.fattal.co.il

Petra 102

€ | Beit Ali In der Beduinen-Lodge von Ali gibt es sogar einen Swimmingpool. Das authentische Camp liegt gut erreichbar an der Straße im Wadi Rum, ca. 55 km von Akaba entfernt. Die Beduinenfamilie um Ali hat ihre Aktivitäten außerdem um Quadfahren und Sandboarding erweitert. ■ Beit Ali Lodge, Ash-Shakariya Wadi Rum/Ausfahrt Ragdia (100 km südl. von Petra), Tel. +962/795 54 81 33, www.baitali.com

€ | Sunrise Camp Wadi Rum Unweit des Dorfs Wadi Rum laden Gastgeber Ali Zalabia und seine ganze Familie zur Übernachtung in ihrem Camp aus Ziegenhaarzelten ein. Er organisiert zudem Jeeptouren, zeigt Gesteinsformationen und Höhlen und kocht großartigen Kaffee und Tee. Das Camp liegt unter einem Felsvorsprung. Wer hinaufklettert, sieht die besten Sonnenaufgänge des Wadis. ■ Ali Hamad Zalabia Sunrise Camp, Wadi Rum Village (120 km südl. von Petra), Tel. +962/795 67 53 27, www.wadirumdesert.com

ADAC Das besondere Hotel

Die Kombination aus karger Wüstenlandschaft, einzigartiger Architektur und erstklassigem Service macht das Fünf-Sterne-Haus **Beresheet** zu einem der Top-Hotels in Israel. Mitten im Nirgendwo zeichnen sich die flachen Dächer der Natursteinbungalows gegen die Felsen der Wüste ab, und ein Infinity Pool scheint direkt den Mitzpe-Ramon-Krater hinunterzufließen.

€€€ | Derech Beresheet 1, Mitzpe Ramon, Tel. 086 59 80 00, www.isrotelexclusivecollection.com

Galiläa und der Norden

*Zwischen militärischer Pufferzone und idyllischen Bergdörfern –
auch der nördliche Teil des Landes überrascht mit Gegensätzen*

In diesem Kapitel:

Israels Norden steht im starken Kontrast zur kargen Wüstenlandschaft des Negev. Das Galiläa-Tal und die Golanhöhen sind reich an kleinen und großen Wasserfällen, versteckten Quellen, vielfältiger, saftig grüner Vegetation und biblischer Geschichte. Hier verbrachte Jesus Christus den Großteil seines Lebens, hier leben bis heute eine Reihe von arabisch-christlichen Gemeinden. Vogelschwärme ziehen durch das sumpfige Hula-Tal, Schnee bedeckt die Spitzen des Berges Hermon, und Eukalyptusbäume recken ihre Zweige in den Lauf des Jordans. Der hat in den letzten Jahrhunderten einiges seiner einstigen Größe einbüßen müssen – 300 m breit soll der reißende Strom laut Bibel zu Jesu Zeiten gewesen sein. Auch viele Kibbutzim haben sich im Lauf der Jahre im fruchtbaren Norden angesiedelt. Es gibt Reiterhöfe, auf den Flüssen wird gerudert, und inmitten von alldem erstreckt sich der See Genezareth ruhig, blau und unberührt in der Talsenke des Galiläa-Gebirges.

ADAC Top Tipps:

 Tzfat
| Stadt |
Einst ein tief religiöser Ort, ist Tzfat jetzt für alle zugänglich. Trotz des Besucherstroms hat sich die Wiege der Kabbala immer noch ihren spirituellen Geist bewahrt und ist ein guter Startpunkt für weitere Ausflüge in die Galiläa-Region. 113

ADAC Empfehlungen:

 Hula-Tal
| Naturschutzgebiet |
Im Herbst und Frühjahr wird die Hula-Ebene, ein trockengelegtes Sumpfgebiet, Spielplatz und temporäre Heimat für Zehntausende Zugvögel. 108

 Route Nr. 98
| Panoramastraße |
Entlang der Grünen Linie: Diese Strecke führt aus dem Norden durch den wilden Westen mit Blick nach Jordanien. 111

22 Hermon Mountain
| Berg |
Wer im Winter kommt, sollte es sich
nicht nehmen lassen, die Pisten des
Nahen Ostens auszuprobieren. 111

23 Amirim, Obergaliläa
| Kibbutz |
Ein Kibbutz für Vegetarier mit einer
riesigen Auswahl an Spas, Wellness-
Centern und Heilpraktikern. 114

24 Kinneret Trail
| Wanderung |
Der Wander- und Radweg führt über
60 km einmal um den See herum. 118

25 Verkündigungskirche, Nazareth
| Kirche |
Die Verkündigungskirche ist eines der
schönsten Gotteshäuser des Landes
und zweifelsohne der geeignete Startpunkt für eine Kirchentour durch die
Heimatstadt Jesu. 119

23 Golanhöhen

Militärische Pufferzone, Vogelkolonien, Drusendörfer und Naturschutzparks

ℹ️ **Information**

■ Tourist Information Golan, Mall Hotsot Hagolan, Katzrin, Tel. 04 696 28 85, So–Do 8–16 Uhr

Seit jeher streiten sich die Menschen um das Bergplateau des Golan, gelegen zwischen dem heutigen Syrien und Israel. Schon im Alten Testament wird die Region als der Mittelpunkt eines Machtkampfes zwischen den Königen Israels und den Aramäern beschrieben. Die strategische Bedeutung der Anhöhe ist auch heute noch augenscheinlich: Von dort überblickt man das gesamte Hula-

ADAC Wussten Sie schon?

Über 30 Jahre sind vergangen, dass die **Golanhöhen** annektiert und ein Teil Israels wurden. Eine Fahrt durch die grünen Höhen zeigt jedoch, dass die Spuren der Vergangenheit noch immer präsent sind: baufällige syrische Villen, verfallene Dörfer, die 1967 verlassen wurden. Auch einige Moscheen haben überlebt, die meisten jedoch mit hebräischen und arabischen Graffitis und Einschusslöchern übersät. Ebenso geblieben sind die sogenannten Offizierspools – kleine Becken mit Quellwasser, die einst syrischen Offizieren mitten in der Natur eine willkommene Abkühlung boten. Der berühmteste Pool befindet sich bei Ein Almin in der Nähe der Straße Nr. 888, südlich der Abzweigung zum Zollamt.

Tal und den Südosten Syriens. Zudem ist die Gegend reich an Wasser und speist den See Genezareth, der Israel zu einem Drittel mit Wasser versorgt.

Seit dem Sechstagekrieg von 1967 hält Israel die westlichen zwei Drittel der Golanhöhen besetzt, während das östliche Drittel unter der Kontrolle Syrien verblieb. Ein israelisch-syrisches Abkommen von 1974 erklärt den Golan zu einer Pufferzone, und eine Beobachtergruppe der Vereinten Nationen soll den Rückzug Israels überwachen, der jedoch bis heute nicht stattgefunden hat. Noch immer erinnern dreieckige Warnhinweise und Minenfelder an die kriegerischen Auseinandersetzungen zwischen den beiden Nationen. Es ist wird daher dringend davon abgeraten, die offiziellen Straßen zu verlassen. Losgelöst von aller Politik und Krieg sind die fruchtbaren Ebenen des Golans jedoch vor allem eines: atemberaubende Natur.

Sehenswert

Hula-Tal
| Naturschutzgebiet |

 Das Tal ist die temporäre Heimat für Zehntausende Zugvögel

Das Hula-Tal ist ein trockengelegtes Sumpfgebiet, das heute einen großen See beherbergt. Es ist Israels Hotspot für Vogelbeobachtungen, denn hier verläuft eine wichtige Zugroute für Vögel, die im Winter das Warme suchen. Es gibt mehrere Wander- und Radwege, die nah an den Kolonien vorbeiführen. Wer es komfortabel wünscht, kann am Besucherzentrum einen Golfkart mieten und damit eine Runde um den See drehen. Direkt nebenan liegt die Stadt Kiryat Shmona und der Mitzpor Amir Kara Lookout, von dem aus man wunderbar in die Senke blickt.

Das Hula-Tal: einst ein ausgedehntes Sumpfgebiet, heute eine Oase für Flora und Fauna

■ Agamon HaHula, Tel. 046 81 71 37, www.agamon-hula.co.il, Sa–Do 8–16/17, Fr 8–15/16 Uhr, 35 NIS, erm. 21 NIS

Neve Ativ
| Bergdorf |
Die israelische Siedlung und der Moshav Neve Ativ wollen irgendwie nicht zum Rest des Landes passen. Hier reihen sich Köhlerhütten an Chalets im alpenländischen Stil inklusive Spitzdach und Balkonblumen. Dieser alpine Überschwang rührt daher, dass Neve Ativ das nahe gelegene Skigebiet des Berg Hermon mit 25 Pistenkilometern betreibt. Israel und Syrien haben in den Jahren 1967 und 1973 erbitterte Kämpfe an diesem Ort geführt, und so wurde Neve Ativ auf den Grundmauern des zerstörten syrischen Dorfes Jubata ez-Zeit errichtet. Der nördlichste Ort des Landes – Kfar Giladi – und der Hasbani-Fluss sowie unzählige kleinere Bäche wie Nahal Snir, Nahal Dan und Nahal Dafna sind nur einen Katzensprung von Neve Ativ entfernt und machen das Dorf damit zu einem perfekten Ausgangspunkt in die Golanhöhen.

Nimrod-Festung
| Burgruine |
Die Festung Nimrod – Kalat al Subeiba auf Arabisch – wurde nach dem biblischen Helden und Jäger Nimrod benannt, der nach dem Alten Testament auf diesem Gipfel sein Zuhause hatte. Es ist die größte mittelalterliche Kreuzfahrerfestung in ganz Israel und wurde, wie historische Quellen berichten, errichtet, um die Stadt Banias im Tal gegen muslimische Überfälle zu verteidigen. Im Nimrod Fortress National Park führt ein gut markierter Weg den bewaldeten Berg hinauf bis zur Ruine aus dem 13. Jh. und zu den unterirdischen Zisternen. Wer noch unternehmungslustig ist, kann den Abstieg auf der anderen Seite zu den Banias-Wasserfällen wagen. Am Eingang zum Park kann man hierfür ein Kombiticket erwerben.
■ Nimrod Fortress National Park, Tel. 046 94 92 77, tgl. 8–15 Uhr, 22 NIS, erm. 9 NIS

Schroff ragen die Felsen aus Basaltgestein über dem Hexagon Pool im Yehudiya Park auf

Yehudiya Park
| Naturschutzpark |

Gerade an besonders heißen Tagen kommt eine Wanderung durch den Yehudiya-Naturschutzpark sehr gelegen – die Hälfte des Weges verläuft durch ein kühles Flussbett. Das Wasser steigt schon mal hüfthoch, man sollte also so wenig Gepäck wie möglich mitnehmen. Am Ende wird man mit einem großen Wasserfall und einem erfrischenden Bad im Naturpool belohnt.

■ Yehudiya Forest Nature Reserve, Tel. 046 96 28 17, tgl. 8–15 Uhr, 22 NIS, erm. 9 NIS

ADAC Spartipp

Wenn Sie die Natur genießen wollen und planen, mehrere Nationalparks zu besuchen, kann es sich lohnen, eine **Nationalpark-Mitgliedschaft** zu erwerben, die man am Eingang jedes Parks erwerben kann. Innerhalb von zwei Wochen erhalten Sie mit der Blue Card für 78 Schekel Zugang zu drei Parks. Mit der Green Card können Sie für 110 Schekel in zwei Wochen sechs Standorte besuchen, und die Orange Card gibt für 150 Schekel zwei Wochen lang unbegrenzten Zugang.

 Verkehrsmittel

Die Golanhöhen kann man eigentlich nur mit dem **Mietwagen** erkunden. Busse fahren zwar von Tel Aviv, Jerusalem oder Tiberias zu den Orten Katzrin, Rosh Pina oder Kiryat Shmona. Die Naturschutzparks sind von dort dann aber nur mit einem Taxi zu erreichen.

Restaurants

€ | **Abu Zaid** Eine Geheimadresse im Drusendorf Majd al Shams in der Nachbarschaft von Neve Ativ: Die »knaffeh«

von Abu Zaid – eine Süßigkeit aus Käse, Honig und Karamell – sind ein Traum und definitiv nichts für Diabetiker. In Majd al Shams befindet sich außerdem ein großer Supermarkt für Selbstversorger. ■ Majd al Shams, Route 989, Tel. 04 69 84 84 6, So–Do 8–21 Uhr

€€ | Benjolina Köche und Feinschmecker im ganzen Land loben das Restaurant wegen seiner saisonalen Menüs. Die Speisekarte wechselt ständig, und die Produkte sind stets regional, frisch und mediterran-orientalisch. ■ Nofit Hermon Komplex, Kiryat Shmona, Tel. 046 60 08 76, Mo–Sa 12–21 Uhr, So geschl.

€€ | Shiri Bistro Es waren schon die Vorfahren des Küchenchefs Shiri, die 1870 das Bistro in Rosh Pina gründeten. Bis heute hat das Lokal, das sich mit einem französischen Touch umgibt, eines der besten Weinsortimente des Landes. ■ HaChalutzim St 8, Rosh Pina, Tel. 04 68 00 82 3 und 04 69 36 58 2, www.pinabarosh.com, tgl. 8.30–23 Uhr

🧍 Kinder

River Rafting Bei Kfar Blum Kayaks macht man sich die steilen Abfahrten der Golanhöhen zunutze. Hier ist der Jordan noch lebendig und voller Wasser. Es werden Touren aller Schwierigkeitsgrade angeboten, für Profis genauso wie für Anfänger. Die Abfahrten dauern rund zwei Stunden und kosten je nach Strecke um die 130 NIS. ■ Merkaz Klor, Kfar Blum, Tel. 04 69 02 61 6, www.kayaks.co.il/english, tgl. 10–16 Uhr

✳ Erlebnisse

㉑ Route Nr. 98 Die nördlichste Straße des Landes führt von Neve Ativ Richtung Süden zum See Genezareth entlang der jordanischen Grenze mit phänomenalen Aussichtspunkten. Hier begibt man sich in Israels wilden Westen, das sogenannte No Man's Land bis zum Jordantal. Auf dem Weg liegt der Offizierspool Bricha Orecha ebenso wie die extravagante Winzerei Château Golan. Das im Jahr 1999 gegründete Weingut ist eines der renommiertesten in Israel und befindet sich unweit des Yarmouk-Flusses im Wadi Ruqqad (im Zentrum des Dorfes Eliad, Tel. 046 60 00 26, www.chateaugolan. com, tgl. 10.30–15.30 Uhr).

24 Hermon Mountain

 Wer im Winter kommt, sollte einmal die Skipisten ausprobieren

ℹ Information

■ Hermon Ski Resort Info Center, Mount Hermon, Tel. 01 59 95 50 56 0, www.skihermon.co.il

Von Israels höchstem Berg, der die Grenze zu Syrien und dem Libanon markiert, blickt man über das gesamte Galiläa und die Golanhöhen. Der Gipfel auf 2814 m Höhe liegt an der syrisch-libanesischen Grenze, in Israel geht es bis auf 2224 m hinauf. Das Schmelzwasser speist die Quellen am Fuß des Berges, die schließlich den Jordan bilden und Israel mit Trinkwasser versorgen. Nicht nur deshalb wird so heftig um den Hermon gestritten: In Israel wird er auch »die Augen der Nation« genannt, da das Militär von hier jede Bewegung im Libanon und in Syrien früh erkennen kann. Im Winter sollten Sie es sich nicht entgehen lassen, Israels einziges Skigebiet zu erkunden. Im Resort gibt es eine Skischule sowie die Möglichkeit, Equipment auszuleihen.

25 Obergaliläa

Bauernhöfe, Kibbutzim und Erholung in der Natur inmitten grüner Hügel

 Information

■ Upper Galilee Tourism Center, Weizman St 1, Akko, Tel. 01700708020 und 04995 6706, www.akko.org.il

Durchsetzt von malerischen Gemeinden und Kibbutzim, ist das obere Galiläa ein Gebiet, das von dichten Kiefernwäldern, Naturschutzgebieten und zahlreichen Flusstälern durchzogen ist. Es erstreckt sich parallel zu den Golanhöhen und ist eine nicht klar abgegrenzte Region, die teilweise auch den See Genezareth mit einbezieht. Hier präsentiert sich der Jordan noch als ein schneller Fluss mit starker Strömung.

 Sehenswert

Birya-Wald
| Landschaft |
Das Waldgebiet südlich des Golans ist ein dichtes Grün aus Kiefern und kleinen Eichen. Im Dorf Amouka – hier befindet sich das Grab des berühmten Kabbala-Rabbis Ben Uzziel – beginnen zahlreiche Mountainbike-Strecken. Eine 23 km lange Route führt durch die Höhen und Tiefen des Gebirges. Im

Gefällt Ihnen das?

Sie mochten das Auf und Ab des Birya-Gebirges? Dann schultern Sie den Wanderrucksack oder schwingen sich auf das Fahrrad oder Motorrad und erkunden Sie den **Red Canyon** (S. 101) bei Eilat.

Im Blickpunkt

Der Fliege zu Leibe gerückt

Israel ist ein weltweit führender Anbieter von Agrartechnologie, obwohl die Geografie des Landes von Natur aus nicht gerade einträglich ist. Mehr als die Hälfte der Fläche besteht aus Wüste, der Norden ist felsig, und das Wasser ist knapp. Die Entwicklung der modernen Landwirtschaft war eng mit der zionistischen Bewegung und der jüdischen Immigration nach Palästina im späten 19. Jh. verbunden. Die ersten Einwanderer wurden von Dürre und Mücken empfangen. Galiläa war sumpfig, die Judäischen Berge waren schroff und der Süden des Landes eine Wüste. Die Ankömmlinge begannen, Terrassen zu errichten, und setzten Aufforstungsprogramme in Gang, um der Bodenerosion entgegenzuwirken und das Sumpfland zu entwässern. Letzteres verwandelte nicht nur unbrauchbare Fläche in fruchtbares Agrarland, sondern merzte den Malariaerreger in der Region völlig aus. Das Streben nach maximalen Erträgen hat zu neuen Pflanzensorten, zur gezielten Züchtung von Tierarten und zu einer Vielzahl von Innovationen in den Bereichen Düngung, Maschinenbau, Automatisierung, Ernte und Bewässerung geführt. Als Reaktion auf den kontinuierlichen Wassermangel in der Region wird heute vermehrt im Feld der Entsalzung geforscht, und es wurde ein Tropfsystem entwickelt, das den Wasserverbrauch um 50 bis 70 % senkt.

Norden befindet sich der Tel-Hazor-Nationalpark mit vielen Bächen und Ausgrabungen aus der Bronzezeit, die es in die Liste des UNESCO-Weltkulturerbes geschafft haben. Hier verlief auch eine der wichtigsten Handelsrouten im Nahen Osten und in die Hauptstadt des Reichs von König Salomon.

Tzfat
| Stadt |

 Die Wiege der Kabbala und guter Startpunkt für Erkundungen

Bereits der Anstieg zur Stadt Tzfat, auch als Safed bekannt, ist ein Erlebnis: In engen Serpentinen windet sich die Straße den Berg hinauf und ist Anziehungspunkt für viele Motorradfahrer. 900 m über dem Meeresspiegel, mit Blick auf Tiberias und den See Genezareth, erscheint dann die heilige Stadt, die im 16. Jh. viele berühmte, aus Spanien vertriebene Kabbala-Mystiker anzog. Damit wurde Tzfat zu einem spirituellen Zentrum der jüdischen Welt. Hier wurde die erste Druckerei im Nahen Osten gegründet und 1578 das erste gedruckte hebräische Buch in Israel veröffentlicht. Die Altstadt mit ihren engen Kopfsteinpflastergassen, Synagogen und einem quirligen Künstlerviertel bietet Gästen eine schier endlose Auswahl an Judaica-Kunst, Schmuck und Keramik. Besucher sollten gutes Schuhwerk parat haben, es geht viel rauf und runter.

■ Safed Home Tourist Information, Alkabetz St 17, Tel. 04 69 24 4 27, www.safed.co.il und www.safed-home.com, So–Do 9–16 Uhr

 Restaurants

€ | **Lahuhe** Nicht ganz typisch für Tzfat, aber exzellent – jemenitische Kost in der Altstadt in der Food Bar Lahuhe. Man kann an einem der kleinen Tische

ADAC Mobil

Israel bietet **Motorradfahrern** und Freunden der Serpentinen viele Gebirgskämme und Wüstenrouten, auf denen sich mit bester Aussicht cruisen lässt. Zwei Räder lassen sich unter anderem bei www.motorisrael.com mieten, organisierte Motorradtouren finden sich auf www.isrmoto.com. Beliebte Kurven gibt es z. B. auf der Beit Oren Scenic Route im Karmel-Gebirge, auf der Hamat Gader nahe der jordanischen Grenze oder auf der Straße 90, die entlang des Sees Genezareth führt.

Platz nehmen oder sich einfach ein Pita-Sandwich mitnehmen. ■ Lahuhe Original Yemenite Food Bar, Alkabetz St 22, So–Do 9–17 Uhr, Sa geschl.

 Kinder

Yodfat Monkey Forest Im Affenwald Galiläas leben neben Lemuren weitere Affenarten sowie Ziegen, Schildkröten, Fledermäuse, Hirsche, Gazellen und eine Vielzahl exotischer Vögel. Besucher dürfen die Tiere auch füttern. Für Kinder gibt es darüber hinaus einen Streichelzoo und zoologische Führungen. ■ Yodfat Moshav, Dan Misgav, Tel. 04 9 80 12 65, www.kofim.co.il/home, tgl. 9–16 Uhr, 48 NIS, erm. 44 NIS

 Events

Tzfat ist ein Zentrum jüdischer Klezmermusik. Das **Tzfat-Klezmer-Festival** mit acht Freilichtbühnen findet im August statt und ist für Musikliebhaber ein echtes Muss. ■ www.safed-home.com/klezmerfestivalofsafed.html

Entspannung

 (23) **Amirim** Im Moschav Amirim wird nur vegetarische Kost angeboten. Er liegt 650 m über dem Meeresspiegel und bietet neben einem Traumblick auf den See Genezareth ein vielfältiges Programm für Wellnessbehandlungen, Massagen, Pilates und Tai Chi und stellt Gästehäuser zur Verfügung. Diese finden Sie auch auf der offiziellen Zimmerim-Seite (www.zimmeril.com). Einen Überblick über die gesundheitlichen Behandlungen im Ort können Sie sich vorab auf der Homepage des Moshavs verschaffen: www.amirim.com.

26 Untergaliläa

In der fruchtbaren Hügellandschaft fließt der Jordan in den See Genezareth

i **Information**

■ Tourist Information Nazareth, Al Bishara St 1, Tel. 04 6 57 05 55, Mo–Fr 8.30–17 Uhr

Das untere Galilä wird von der Straße 85 zusammengehalten und umfasst die Region südöstlich von Akko bis hinüber zum See Genezareth. Hier verbrachte Jesus den Großteil seines Lebens, hier predigte er zum ersten Mal und tat einige seiner berühmtesten biblischen Wunder. In den Wintermonaten kommt es schon mal zu tagelangen Regengüssen, es werden die Kamine angezündet und Bäder in heißen Quellen genommen. Im Sommer hingegen speichert die Senke die Hitze, und man schwitzt in der Bucht von Tiberias. Die Gegend um die Stadt Bet Shean und den Kibbutz Tirat Zvi gilt als eine der heißesten Regionen der Erde.

 Sehenswert

Hamat Gader
| Landschaft |
Die Route Nummer 98, die im Norden an der Grenze zum Libanon ihren Anfang nimmt, vollführt auf der Höhe der Südspitze des Sees Genezareth die engsten Serpentinen des Landes und bietet herrliche Panoramablicke hinüber ins jordanische Yarmouk-Tal. Hier befinden sich auch heiße Quellen, die bereits in der Zeit der Römer ein bekannter Erholungsort waren. Vor 1949 befand sich an dieser Stelle das palästinensische arabische Dorf Al-Hamma, das allerdings seit dem Jahr 1967 unter israelischer Kontrolle steht und zu einem Kurort und Vogelreservat ausgebaut wurde. Das Quellgebiet umfasst Pools und Wasserfälle sowie die einzige Krokodilfarm des Landes. Sie ist die größte des Nahen Ostens – inklusive Alligatoren, Kaimanen und Gangesgavialen. In den Sommermonaten darf man der Fütterung beiwohnen. Auf der offiziellen Seite des Ortes kann man sich über alle Attraktionen informieren: www.hamat-gader.com.

Umm el-Fahem Art Gallery
| Galerie |
Die arabische Stadt Umm el-Fahem erstreckt sich direkt an der Grenze zum Westjordanland und ist von einem eklatanten Mangel an Arbeitsplätzen gezeichnet. Die Umm el-Fahem Art Gallery versucht, die Kollaboration zwischen israelischen und arabischen Künstlern zu unterstützen, und ist damit innerhalb kürzester Zeit zu einem Kulturzentrum für das intellektuelle Leben der ganzen Region geworden.
■ Haifa St 37, Tel. 04 6 31 52 57, www. ummelfahemgallery.com, Sa–Do 8–16 Uhr

Wandern

Die fruchtbaren und saftigen Landschaften des unteren Galiläa laden zum tief Durchatmen und zu ausgiebigen Wanderungen ein. Auf den **Berg Tabor** kann man mit dem Auto hochfahren und dort das Gelände – die Rundwege und der Gipfelweg sind markiert – erkunden oder die 450 Treppenstufen zu Fuß hoch steigen. Die genauen Routenbeschreibungen hat der Jewish National Fund zusammengestellt (www.kkl-jnf.org/tourism-and-recreation/tours/mount-tavor-galilee.aspx).

27 See Genezareth

Heilige Stätte der Bibel und das größte Süßwasserreservoir des Landes

 Information

■ Tiberias Tourist Information, HaBanim St 39, 1420163 Tiberias, Tel. 04 672 56 66

Genau zwischen dem oberen und unteren Galiläa, an der alten Handelsstraße, der Via Maris, funkelt der See Genezareth. Gut 200 m unter dem Meeresspiegel und eingefasst von den sanft geschwungenen Hügeln, versorgt er das ganze Land mit Süßwasser. Jeder kennt den See Genezareth aus dem Neuen Testament und den Geschichten rund um Jesu Christi. Hier vermehrte er die Fische, verwandelte Wasser in Wein und lief auf dem Wasser.

Auf dem See Genezareth Trail passiert man viele Wallfahrtsorte, und am Jordan-Fluss liegt die größte christliche Taufstelle des Landes, der Yardenit. Die Bibel besagt nicht nur, dass Jesus in diesen Gewässern getauft wurde, sondern auch, dass die Israeliten hier das Gelobte Land erreichten. Ein kleiner Abschnitt des Jordans wird für den Tourismus erhalten. Stromabwärts wird er immer dünner und schmutziger, bis nur noch ein Bruchteil den Yarmouk und das Tote Meer erreicht.

Eine Flotte von hölzernen Booten ankert am Ufer des Sees Genezareth

Sehenswert

Yigal Alon Museum Ginosar

| Museum |

Eines Tages im Jahr 1986 machte ein Fischer am See Genezareth eine Entdeckung: Er fand die Überreste eines Holzbootes, das bereits zur Zeit Jesu die Gewässer des Sees durchpflug. Das 8 m lange Boot befindet sich im Yigal Alon Museum des Kibbutz Ginosar. Von hier kann man auch die offizielle Wanderung um den See beginnen.

■ Yigal Alon Center, Kibbutz Ginosar, Tel. 04 67 27 7 00, http://yigal-allon-centre.org.il/eng, So–Do 8–17, Fr 8–16 Uhr, 20 NIS

Kapernaum

| Nationalpark |

Das antike Dorf Kapernaum am nordwestlichen Ufer des Sees Genezareth wurde in den 1960er-Jahren vom Orden der Franziskanermönche grundlegend restauriert. Ein Spaziergang führt von alten Synagogen zu Kirchen sowie zum Haus des heiligen Petrus, das der

frühen Christenheit offenbar als Treffpunkt diente. Heute steht dort eine Franziskanerkirche. Der Ort wurde zum Nationalpark erklärt und verfügt über eine schöne Promenade und eine kleine Anlegestelle für Boote aus Tiberias und En Gev. Hier beginnt auch der Wanderweg »Jesus Trail« und führt bis ins 60 km entfernte Nazareth.

■ Kfar Nahum Kapernaum National Park, Tel. 04 67 9 38 65, tgl. 8–15 Uhr, Eintritt frei

Tabha

| Pilgerort |

Zwischen Kapernaum und dem Pilgerort Tabha errichtete das israelische Tourismusministerium eine bezaubernde Promenade, die die Franziskanerkirche des Primats des Heiligen Petrus mit der Kirche zur Vermehrung der Brote und Fische der Benediktiner verbindet. Dort werden schöne Mosaike aus byzantinischer Zeit aufbewahrt.

■ Church of the Multiplication of Loaves and Fishes, Benedictine Monastery of Tabgha Tiberias, Tel. 04 66 78 1 00, tgl. 8–16 Uhr

Ruinen einer Synagoge im antiken Kapernaum, das einst einer der Wirkungsorte Jesu war

Route Nr. 90

| Panoramastraße |

Wer das Land von Nord nach Süd durch-
kreuzt, wird entweder auf der Straße 98
(Hamat Gader) landen oder die Straße
90 nehmen. Letztere führt entlang des
Sees und windet sich hinauf zum Hü-
gelkamm. Nirgendwo sonst zeigt sich
der See so in seiner ganzen Pracht.

Yardenit Baptismal Site

| Taufstelle |

Obwohl mittlerweile die gängige Meinung den Ort Qasr al Yahud (S. 83) bei
Jericho als originale Taufstelle Jesu iden-
tifiziert, ist der Yardenit – wo der Jordan
auf den See trifft – noch immer ein
Magnet für Pilger, die hier gern in weißen Gewändern ins Wasser springen.
Im Besucherzentrum kann man nach
dem Bad im Fluss eine Dusche nehmen.
■ Kibbutz Kinneret, Tel. 046759111, www.
yardenit.com, tgl. 8–16 Uhr, Eintritt frei

Gefällt Ihnen das?

Sie mochten die christliche Eupho-
rie am Yardenit? Dann schauen Sie
in Jericho an der Taufstelle des **Qasr
Al Yahud** (S. 83) vorbei. Vor allem
am Tag der Heiligen Drei Könige finden sich dort Zehntausende Pilger
aller christlichen Konfessionen ein.

 Restaurants

€€ | Restaurant En Gev Von der gro-
ßen Veranda in En Gev blickt man auf
den See Genezareth, und auf dem Tel-
ler wartet schon der berühmte Petrus-
fisch. Das Restaurant des Kibbutz ist
seit Langem ein absoluter Klassiker auf
einer Reise um den See. ■ En Gev Hafen,
Tel. 046658136, tgl. 12–21 Uhr

 Cafés

Galita Chocolate Farm Café, Laden-
geschäft und Pâtisserie in einem: Be-
sitzerin Galit Alpert betreibt ihre Scho-
koladenfarm in einem ehemaligen
Kuhstall. Es gibt eine niedliche Kaffee-
bar, in der Sie ihr hausgemachtes Eis
probieren und Pralinen erstehen können. ■ Kibbutz Degania Bet, Tel. 046 75
5608, www.galita.co.il, tgl. 10–17 Uhr

 Events

Seit 65 Jahren wagen es Zehntausende
von Profis und Amateuren, im Sommer
den See Genezareth zu durchschwim-
men. Das **Sea of Galilee Crossing** ist
die größte Schwimmveranstaltung des
Landes, die Strecken haben eine Länge
von 1800 m und 3800 m.

 Einkaufen

Tamarim Plus Der größte Dattelladen
Israels befindet sich im Kibbuz Kinne-
ret am See Genezareth und verkauft
Dattelhonig und -aufstriche, Johannis-
brotbaumhonig, Dattelsirup (»silan«),
Teemischungen, frische Gewürze, Bio-
Tahini, Halva, Trockenfrüchte und in der
Region produzierte Weine. ■ Kibbutz
Kinneret, Tel. 046759678, www.tamarki
neret.co.il, Sa–Do 9–17, Fr 9–16 Uhr

 Sport

Kajak und Rafting Das ruhige Gewässer am See Genezareth ist ein Paradies
für Kajakfahrer und Ruderer. Am Ufer
gibt es viele Bootsverleihe. Ein gutes
Preis-Leistungs-Verhältnis findet man
bei Walk on Water (www.walkonwater
kayak.com). Der Touranbieter Abrahamtours paddelt mit Ihnen entlang der

besten Strände: (www.abrahamtours.com/tours/kayaking-in-the-sea-of-galilee-tour). Wer etwas mehr Action sucht, sollte gen Norden schauen. Hier bietet Jordan River Rafting (www.rafting.co.il) wildere Ausflüge ins kühle Nass.

 Wandern

 Kinneret Trail Der rund 60 km lange Wander- und Radweg verläuft einmal komplett um den See und führt an allen Wallfahrtsorten wie Kapernaum, En Gev oder Tabgha vorbei. Wer den Weg in seiner Gänze laufen möchte, sollte die Strecke in vier Tage aufteilen, um nicht in die Mittagshitze zu geraten, sondern am Nachmittag an einem der Strände auszuspannen. Beginnen Sie das Abenteuer am besten am Dekel-Strand, direkt am nördlichen Ausgang von Tiberias bei der Straße 90.

28 Tiberias

Ferienresorts, Bootsverleiher, heiße Quellen und Spuren jüdischer Gelehrter

i **Information**

■ Tiberias Tourist Information, HaBanim St 39, 1420163 Tiberias, Tel. 046725666

Einst die größte Stadt in Galiläa, war Tiberias bis zum 10. Jh. das politische und religiöse Zentrum der Juden Israels. Viele Gräber berühmter Rabbis zeichnen ein Bild der glorreichen Vergangenheit, von der leider heute nicht mehr viel geblieben ist. Touristenströme haben den Ort in ein Ferienresort aus Betonbauten verwandelt, die so gar nicht in die malerische Umgebung passen wollen. Nichtsdestotrotz ist Tiberias ein spannender Ort, an dem das

Heilige und der Konsum unmittelbar aufeinanderprallen. In Tiberias besucht man die Strände des Sees und heiße Quellen, macht Massage- und Schlammbehandlungen oder einen Spaziergang entlang der Yigal-Alon-Promenade, wo kleine Fischerboote neben Jachten im Hafen liegen. Zudem ist Tiberias ein perfekter Ausgangspunkt für Ausflüge um den See, es gibt eine gute Infrastruktur und Shoppingmöglichkeiten.

 Erlebnisse

Bootstour Bei einem Segeltörn auf einem Boot über den See Genezareth lernt man alles über die heiligen Orte am Ufer und entspannt in frischer »Seeluft«. Es gibt zahlreiche Anbieter. Die Firma Holyland Sailing bietet z.B. Bootstouren auf Jesus-Booten ganz aus Holz, es geht von Tiberias nach Kapernaum. Eine Fahrt sollte man am Vortag reservieren; Wetterverhältnisse entscheiden über Abfahrtszeiten. ■ Jesus Boats, Hafen Tiberias, Tel. 046723006, http://jesusboats.com, So–Do 7.30–16 Uhr

29 Nazareth

In Jesu Heimat findet man die schönsten christlichen Kirchen des Landes

i **Information**

■ Tourist Information Nazareth, Al Bishara St 1, Tel. 046570555, Mo–Fr 8.30–17 Uhr

Nazareth hat vor allem eines: Kirchen. Nicht nur Jesu Geburtsstadt, sondern auch wichtigste Stadt der arabischen Christen Israels, ist Nazareth ein Ort religiöser Anziehungskraft. Die bekannteste Kirche ist die Verkündigungsbasilika, die an der Stelle erbaut wurde, an

Die Verkündigungskirche ist einer der bedeutendsten Wallfahrtsorte der Christenheit

der das Wohnhaus der Jungfrau Maria vermutet wird. Für Besucher, die nicht auf der Suche nach Spiritualität sind, bietet Nazareth vor allem gutes Essen: Es ist berühmt für seine arabischen Desserts sowie den dicken schwarzen Kaffee. Außerdem ist Nazareth neben Bethlehem der Ort, den man unbedingt zur Weihnachtszeit besuchen sollte.

 Sehenswert

Verkündigungskirche
| Kirche |

 Die Basilika ist eines der schönsten Gotteshäuser des Landes

Unter den 30 Kirchen und Klöstern liegt auf der Verkündigungskirche das Hauptaugenmerk Nazareths. Hier befindet sich ein heiliger Ort namens »Marias Höhle«, wo Maria nach katholischer Überzeugung vom Erzengel Gabriel verkündet wurde, dass sie dazu ausersehen sei, den Heiland in ihrem Leib zu tragen. In dieser Grotte findet jeden Tag zur Mittagszeit ein Gebet statt. Die Wände des Innenhofs sind mit farbenfrohen Heiligenbildern mit Maria und dem Jesuskind ausgekleidet, die von katholischen Gemeinden aus der ganzen Welt gestiftet wurden.

■ Basilica of the Annunciation, Al-Bishara St 12, Tel. 04 65 60 00 01, Mo–Sa 8–18 Uhr

Nazareth Village
| Freilichtmuseum |

Vor allem Kindern wird es Spaß machen, eine Nachbildung des Dorfes zu besuchen, in dem Jesus aufgewachsen ist. Hier fährt man Schubkarre und buddelt in der Erde, trägt lange Gewänder, pflückt Obst und isst ein »biblisches Mahl«. Der Park besitzt eine antike Olivenpresse, eine nachgebaute Synagoge sowie die Überreste eines alten Weinbergs und eines Bewässerungssystems mit einem alten Steinbruch. Das Dorf liegt nur zehn Gehminuten vom Stadtzentrum entfernt und ist in den letzten Jahren zu einem beliebten Ort für TV- und Filmproduktionen geworden.

■ 5079 St, Tel. 04 64 56 04 2, www.naza rethvillage.com, Mo–Sa 9–17 Uhr, 50 NIS, erm. 25 NIS

Restaurants

€ | Luna Arabic Bistro Es mag zunächst seltsam erscheinen, in einem Einkaufszentrum essen zu gehen, aber das Luna Restaurant bietet nicht nur eine der besten Aussichten über Nazareth, sondern auch ein tadelloses mediterranes Menü mit hauptsächlich arabischen Spezialitäten zu einem guten Preis-Leistungs-Verhältnis. ■ Big Fashion Mall Nazareth, oberstes Stockwerk, Tel. 04 88 88 62 6, tgl. 12–23 Uhr

€ | Samir Abu Hummus Bei Samir Abu in der Altstadt kommen Hummus, »tabouleh«, »fatoush« und Falafel auf den Tisch. Das Lokal ist ein bisschen teuerer als andere Hummus-Restaurants, doch die Portionen sind sehr großzügig und alle Zutaten frisch. ■ 6089 St, Tel. 07 74 05 07 81, Mo–Sa 8–16 Uhr

€€ | Tishreen Das Restaurant gilt als Muss für Besucher Nazareths. Im Gegensatz zu den zahlreichen Hummus-Ständen bietet Tishreen eine gehobene Fusion-Küche aus Meeresfrüchten, Fleisch und mediterranen Gerichten. Das Lokal liegt im Herzen von Nazareth, ganz in der Nähe der Verkündigungskirche und der Altstadt, und ist äußerst beliebt – es empfiehlt sich, im Voraus zu reservieren. ■ Al Bishara 56/ Kikar Miriam, Tel. 05 39 44 28 30, www.tishreen.rest.co.il, tgl. 8–23 Uhr

 Einkaufen

Elbabour Das Gewürzgeschäft befindet sich in einer historischen Mühle gleich neben Mary's Well. Elbabour hat getrocknete Gewürze und frische Kräuter aus den Bergen um Nazareth sowie parfümierte Öle im Sortiment. ■ Al-Bishara St 6101, Tel. 046 45 55 96, www.elbabour-shop.com, Mo–Sa 9–18 Uhr

 Wandern

Jesus Trail Die Route des 65 km langen Jesuswegs, der 2008 fertiggestellt wurde, beginnt in Nazareth, führt anschließend durch den Ort Kana – wo Jesus sein erstes Wunder vollbrachte, indem er Wasser in Wein verwandelte – und in den Arbel-Nationalpark, nach Tabgha, hinauf zum Berg der Seligpreisung und endet schließlich in Kapernaum. Hier kann man dann eines der hölzernen Jesusboote besteigen und mit Wind in den Segeln den Rückweg nach Tiberias antreten. Den genauen Routenverlauf finden Sie unter www.jesustrail.com.

 In der Umgebung

Al Arz Tahini
| Tahini-Fabrik |

Die Marke Al Arz Tahini findet man in Israel in beinahe jedem Haushalt. Wenn man also schon einmal in der Gegend ist, lohnt sich ein Besuch der Produktionsanlagen und eine Verkostung der leckeren Sesampaste. Tahini hält sich lange und eignet sich daher auch hervorragend als Mitbringsel.
■ Industriegebiet Sagi 2000, St 50559, Tel. 046 85 94 00, www.alarz.co.il/en, tgl. 8–17 Uhr

Lavi-Wald
| Landschaft |

Nicht weit von Nazareth entfernt erstreckt sich das kleine Waldgebiet Lavi, in dem man herrlich mit dem Mountainbike unterwegs sein kann. Der Radweg führt über 8,5 km durch ein stetes Auf und Ab. Der Schwierigkeitsgrad der Strecke ist trotzdem für Hobbyfahrer geeignet. Die Routenführung findet man beim Jewish National Fund (www.kkl-jnf.org/tourism-and-recreation).

Übernachten

Im Norden Israels gibt es weniger Kettenhotels, dafür aber mehr kleinere Unterkünfte, Bed & Breakfasts sowie das eine oder andere Boutique-Hotel. Am besten nächtigt man in einem der unzähligen Gästehäuser und »zimmerim«. Letztere werden privat vermietet und gelten in Israel in der Regel als »romantisches Getaway« auf dem Land. In christlich geprägten Orten wie Nazareth sind Pilgerunterkünfte eine weitere günstige Alternative zum Hotel.

Golanhöhen

€ | Golan Heights Hostel Das solide Hostel im winzigen Dorf Odem ist ein idealer Ausgangspunkt für Erkundungen im Norden des Landes. Sowohl der Berg Hermon als auch die Nimrod-Festung oder der Tel-Dan-Nationalpark liegen direkt um die Ecke. Es gibt Privatzimmer, einen Schlafsaal und Frühstück. ■ Zentrum Odem, Tel. 05 42 60 03 34, www.thegolanheightshostel.com

€€ | Rimonim Hermon Holiday Village Eingebettet in die Kulisse der Golanhöhen liegt diese Anlage, die eher in ein Schweizer Bergdorf als in das Grenzgebiet zwischen Israel und Syrien gepasst hätte. Die kleinen Holzhäuser mit Spitzdach sind rustikal, kuschelig und bieten Platz für bis zu fünf Personen. Es gibt einen großen beheizten Pool und eine Sauna. ■ Moshav Neve Ativ, Tel. 04 69 85 88, www.rimonimhotels.inisrael.com

€€€ | Canaan Village Das Boutique-Hotel ist etwas für Luxusfans, die sich direkt am Eingang der Golanhöhen richtig verwöhnen lassen wollen. Umgeben von Bougainvillea und Jasminbüschen entspannt man im perfekt gepflegten Garten, dem Pool oder in der Sauna. Die Zimmer sind hell, geräumig und mehr als komfortabel. ■ Had Nes 13, 12950 Ramat Gan, Tel. 04 6 82 21 28, www.cnaan-village.com

Untergaliläa

€ | Galilee Bedouin Camplodge Versteckt im Herzen des Jesreel-Tals im Norden Israels, am Rande des Beduinendorfes Hilf Tabash, liegt diese Beduinen-Camplodge – eine der wenigen seiner Art im Norden des Landes. Sie offeriert Gemeinschafts- und Einzelzelte, Kabinen in umgebauten Zugwaggons sowie Yogakurse, Trips zur Quelle von Ein Yivka oder gemeinsames Olivensammeln mit dem Beduinen vom Tabash-Stamm. ■ Hilf Tabash im Dorf Tabash, Tel. 05 26 94 11 41, www.galilee-bedouin-camplodge.com

€€€ | Kibbutz Lavi Hotel Mitten im Wald bietet diese typische Kibbutz-Unterkunft einen Blick ins Grüne und koschere Mahlzeiten. Beliebt ist das Kibbutz Lavi Hotel sowohl bei Naturfreunden – vor allem bei Wanderern, die auf dem Jesus Trail eine Pause einlegen – als auch bei jüdischen Reisenden und Pilgern. Es gibt einen Pool, aber dort wird getrennt gebadet. Zimmer stehen in verschiedenen Preisklassen von Suiten bis zu Mehrbettzimmern zur Verfügung. ■ Kibbutz Lavi, Tel. 07 37 59 88 22, https://hotel.lavi.co.il

€€€ | **Artist Quarter Guesthouse**
Das Bed & Breakfast in der Altstadt von Tzfat residiert in einem 300 Jahre alten Haus aus Backstein mit blauen Torbögen und Buntglasfenstern. Die Zimmer haben eine Küchenzeile, Bad und teilweise Balkon. Das Essen wird im pittoresken Innenhof im Freien eingenommen, ein Glas Wein und eine fantastische Aussicht gibt es auf dem Dachbalkon. ■ Yud Zayin St 43, 13223 Safed, Tel. 05 47 76 48 77, www.artist quarterguesthouse.com

See Genezareth

€€ | **Vered HaGalil** Sowohl Gästehaus als auch Bauernhof, liegt die Vered HaGalil Farm hoch in den grünen Hügeln Galiläas mit Blick auf den See Genezareth. Sie verfügt über ein Restaurant, einen Swimmingpool sowie einen Reiterhof, von dem aus man Tagesritte in die Umgebung unternehmen kann. ■ Vered HaGalil Holiday Farm, 8277 St/Kreuzung Corazim, Tel. 04 69 35 78 5, www.veredhagalil.com

€€ | **Kinneret Village** Das behagliche Hotel liegt im Fadenkreuz der See-Genezareth-Aktivitäten: Der Yardenit ist um die Ecke, ebenso Tiberias und Kapernaum. Die soliden Zimmer sind mit privaten Terrassen, Küchenzeilen, Sitzecken, Schlafsofas sowie kostenlosem WLAN ausgestattet. Mit einem Upgrade erhält man zudem ein kontinentales Frühstück. ■ Derech Gan Rahel, Zentrum Kinneret-Kolonie, Tel. 046 75 02 02, www.kinneret.net

Tiberias

€€€ | **Leonardo Hotel Tiberias** Die israelische Hotelkette ist wohl in jedem Ort des Landes vertreten – in Tiberias besticht sie vor allem mit idealer Lage und großem Pool. Mit seinen 198 Zimmern ist das Hotel nicht gerade klein, dafür haben alle einen Panoramablick auf den See Genezareth. Es gibt auch kleine Familienwohnungen und luxuriöse Suiten, eine Hotelbar, ein Restaurant sowie Fahrradverleih. ■ Gdud Barak St, P.O.B 175, 1420807 Tiberias, Tel. 04 67 00 80 0, www.leonardo-hotels.com

Nazareth

€ | **Fauzi Azar Inn** Nicht nur die Lage des Gästehauses ist ideal – es logiert in der Altstadt von Nazareth und fast direkt neben dem Shuk –, sondern auch das Ambiente des 200 Jahre alte arabischen Herrenhauses, in dem sich das Fauzi Azar Inn befindet. Es ist zugleich komfortabel wie auch ungezwungen. Es gibt sowohl Schlafsäle als auch Privatzimmer. Das Team ist sehr hilfsbereit und plant mit Ihnen gerne Touren in die Region. ■ 6112 St 9, Altstadt Nazareth, Tel. 04 60 20 46 9, www.abrahamhostels.com/nazareth

€€ | **Al Bishara Guesthouse** Ein familienfreundliches B & B mit bester Lage und gutem Frühstück. Es gibt eigene Parkplätze, Gepäck kann man auch nach Abreise verstauen, und die Verkündigungskirche liegt nebenan. ■ 6099 St, 16101 Nazareth, Tel. 05 02 00 44 06, www.albishara-guesthouse.com

€€ | **Tabar Hotel** Ein Hotel ohne jeglichen Schnörkel und Tamtam, aber völlig solide. Es befindet sich am höchsten Hang von Nazareth mit Blick auf die Altstadt, die Basilika, den Berg Tabor und das Jesreel-Tal. Mit 90 Zimmern auf fünf Etagen gehört es zu den größeren Häusern der Region. ■ El Mutran St 5053, 16483 Nazareth, Tel. 04 60 85 40 0, www.tabarhotel.com

ADAC Service Israel und Palästina

Beim **ADAC Infoservice**, in den **ADAC Geschäftsstellen** sowie auf dem **Internetportal des ADAC** (adac.de) erhalten Sie Informationen zu den Dienstleistungen des Automobilclubs und zu Ihrem Reiseziel.
Rufen Sie bei Pannen und Notfällen die **ADAC Pannenhilfe** bzw. den **ADAC Ambulanzdienst** an. Unser Team steht Ihnen rund um die Uhr zur Verfügung.

ADAC Infoservice
T 0 800 510 1112
Infos zu allen ADAC Leistungen
(Mo–Sa 8–20 Uhr, gebührenfrei)

ADAC Pannenhilfe Deutschland
T 089 20 20 4000, Mobil 22 22 22
(Verbindungskosten je nach
Netzbetreiber/Provider)

ADAC Ambulanzdienst
T 089 76 76 76
(Erkrankung, Unfall, Verletzung,
Transportfragen, Todesfall)

ADAC Pannenhilfe Ausland
T +49 89 22 22 22
(Verbindungskosten je nach
Netzbetreiber/Provider)

Internet-Serviceangebote des ADAC für Ihre Reiseplanung

Service	Webadresse
Aktuelle Verkehrslage	adac.de/verkehr
ADAC Routenplaner	adac.de/maps
Infos zu Tankstellen und Spritpreisen	adac.de/tanken
Infos zu mautpflichtigen Strecken	adac.de/maut
Infos zu Fährverbindungen	adac.de/faehren
ADAC Tourmail (aktuelle Infos vor Anreise)	adac.de/tourmail
Informationen für Camper	adac.de/camping
Informationen für Motorradfahrer	adac.de/motorrad
Informationen für Segler und Skipper	adac.de/sportschifffahrt
ADAC Reiseangebote	adacreisen.de
ADAC Autovermietung	adac.de/autovermietung
ADAC Versicherungen für den Urlaub	adac.de/versicherungen
Weltweite Preisvorteile für ADAC Mitglieder	adac.de/vorteile-international

Diese **Produkte des ADAC** könnten Sie interessieren: **ADAC Reiseführer New York**, **ADAC Reiseführer Südafrika** und **ADAC Reiseführer Dubai und Vereinigte Arabische Emirate** – erhältlich im Buchhandel, bei den ADAC Geschäftsstellen und in unserem ADAC Online-Shop (adac.de/shop).

Anreise und Einreise

Flugzeug

Der Großteil aller Urlauber erreicht Israel mit dem Flugzeug, ein kleiner Teil reist via Jordanien oder Ägypten ein. Eine Einreise über den Seeweg ist nicht möglich. Aufgrund der strengen **Sicherheitsvorschriften** sollten Urlauber ca. drei Stunden für die Flughafenkontrollen einplanen. Aus Deutschland fliegen die Maschinen von Easyjet, Lufthansa sowie El Al täglich direkt nach Israel. Die Flugzeit beträgt in der Regel um die vier Stunden. Wer bereit ist, einen Zwischenstopp einzulegen, kann beispielsweise mit Turkish Airlines oder Pegasus über Istanbul fliegen.

Auto

Die Einreise über den Landweg ist nur von Jordanien und Ägypten aus möglich. **Grenzübergänge** zu Jordanien befinden sich im Norden bei Amman und Nazareth sowie im Süden bei Akaba, wobei letztere Grenze am unkompliziertesten ist. Es ist zu empfehlen, vor Reiseantritt Kontakt mit der Botschaft Israels in Berlin aufzunehmen. Ein Visum nach Israel über den Landweg muss eventuell im Voraus arrangiert werden. Sowohl von Jordanien als auch von Ägypten aus dürfen keine Privatfahrzeuge die Grenze in Richtung Israel passieren. Vor jüdischen Feiertagen sind die Öffnungszeiten aller Grenzübergänge regelmäßig stark eingeschränkt, mit längeren Wartezeiten sollten Sie jedoch jederzeit rechnen.

Einreise und Dokumente

Deutsche Staatsangehörige, die nach dem 1. Januar 1928 geboren sind, benötigen bis zu einem Aufenthalt von drei Monaten kein Visum. Der Reisepass muss jedoch noch mindestens sechs Monate gültig sein. Bei der Einreise erhalten Sie keinen Stempel, sondern ein **Visum in Papierform**, das sie bis zu Ihrer Ausreise gut aufbewahren müssen. Bei einer Reise ins Westjordanland muss diese Karte mitgeführt werden. Wer seine Visakategorie ändern oder verlängern will, muss beim Innenministerium (Misrad Hapnim) in Tel Aviv vorstellig werden (Derech Menachem Begin 125). Wer bereits Stempel aus arabischen Ländern im Pass hat, sollte sich auf Befragungen durch die Grenzbeamten einstellen. Außerdem sollten Sie eine Kontaktadresse vor Ort oder eine Hotelreservierung nennen können. Auch die Reservierung eines Rückflugs nach Deutschland erleichtert das Verfahren.

Auto und Straßenverkehr

Zumindest beim Autofahren sind die Israelis ungeduldig und unnachgiebig. So wird man schon mal angehupt, obwohl die Ampel noch nicht einmal umgeschaltet hat. Achten Sie als Fahrer in den Großstädten auf Elektroroller.

Straßennetz

Israel verfügt über ein gutes Straßennetz, im Westjordanland ist der Zustand der Straßen oft etwas schlechter, und es kann zu spontanen Sperrungen und Kontrollen kommen. Ab 17 Uhr herrscht in Tel Aviv und Jerusalem starker Feierabendverkehr. **Straßenschilder** sind in der Regel in Englisch, Hebräisch und Arabisch. Es lohnt sich, die israelische App Waze zu nutzen. Sie weist darauf hin, welche Straßen mit dem Privatauto befahrbar sind und welche ausschließlich Bussen und Taxis vorbehalten sind. Wenn Sie im

Winter in die Wüste fahren, achten Sie auf Warnmeldungen vor Sturzfluten.

Verkehrsvorschriften

Die Promillegrenze liegt bei 0,1%. Für das Fahren in Israel genügt ein gültiger **Führerschein** aus Deutschland – nur wer länger als ein Jahr in Israel lebt, muss den ausländischen Führerschein gegen einen israelischen Führerschein tauschen. Eine Fahrerlaubnis wird ab 17 Jahren vergeben, für Autoanmietungen muss man das 21. Lebensjahr vollendet haben. Es herrscht Rechtsverkehr, und U-Turns sind erlaubt, wenn nicht speziell anders angegeben. Achten Sie auf die **Verkehrsampeln** – in der Regel gibt es in Israel kein gelbes Signal. Die Ampeln schalten von Rot sofort auf Grün, einige von ihnen blinken dazwischen in Orange. Seien Sie außerdem vorsichtig auf mehrspurigen Straßen – israelische Fahrer vergessen gerne das Blinken.

Tempolimits in Israel

Straße	Tempolimit
Autobahn	max. 120 km/h
Landstraße	max. 90 km/h
Ortschaft	max. 50 km/h

Tanken

An den meisten Tankstellen gibt es noch Tankwarte. Ein kleines Trinkgeld wird gerne angenommen. Wer seinen **Mietwagen** an einer der Firmen auf der Hayarkon-Straße in Tel Aviv abgibt, findet in der Unterführung praktischerweise eine kleine Tankstelle.

Parken

In Israels Städten ist das Parken am weiß-blau markierten **Seitenstreifen** erlaubt, bei gelb-rot markierten Zonen wird sofort abgeschleppt, und rot-weiß bedeutet, dass nur ein kurzes Halten erlaubt ist. **Parkscheine** kann man in manchen Städten an der Münzuhr ziehen. In Tel Aviv gibt es noch die App Pango, die allerdings nur mit einer israelischen SIM-Karte funktioniert – ist aber nicht schlimm, denn vielerorts muss gar kein Parkschein gelöst werden. Die Hinweisschilder dafür sind leider nur auf Hebräisch ausgewiesen – fragen Sie am besten Passanten!

Maut

Die längste Mautstraße ist der **Highway Nr. 6**, der jedoch über die Straßen Nr. 40 oder 4 umfahren werden kann. Die Nutzung von Anfang bis Ende kostet ca. 34 NIS. Auch die **Karmel-Tunnel** erheben eine Mautgebühr, die Durchfahrt kostet rund 15 NIS.

Panne und Unfall

Der Pannen- und Abschleppdienst läuft über den Israelischen Automobilclub **Memsi** (Memsi House, HaRakevet St 20, Tel Aviv, Tel. 03 56 41 11 11, www.memsi.co.il). Israel hat drei Notrufnummern: 100 für die Polizei, 101 für Krankenwagen und 102 für die Feuerwehr.

Verkehrsschilder

Verkehrsschilder haben auf der Autobahn eine blaue Farbe, auf Landstraßen eine grüne und sind jeweils in drei Sprachen ausgewiesen. Braune Hinweisschilder mit dem Steinbock-Symbol kündigen Sehenswürdigkeiten an.

Barrierefreies Reisen

Reisende mit Behinderung können im Urlaub Unterstützung von Yad Sarah bekommen. Die Organisation steht Touristen während des gesamten Aufent-

halts für Fragen zur Verfügung (www.
yadsarah.org.il, https://yad-sarah.net).

Diplomatische Vertretungen

Deutsche Botschaft
■ Daniel Frish St 3, Tel Aviv, Tel. 03 69 3
13 13, www.tel-aviv.diplo.de

Deutsche Honorarkonsulate
■ Hanassi Ave 98, Haifa, Tel. 04 8 38 14 08,
haifa@hk-diplo.de
■ Neviot St 5, Eilat, Tel. 08 6 37 51 53,
eilat@hk-diplo.de

Deutsche Vertretung in den Palästinensischen Gebieten
■ Berlin St 13, Ramallah, Tel. 02 2 97 76 30,
www.ramallah.diplo.de

Österreichische Botschaft
■ Sason Hogi Tower, Abba Hillel Silver
St 12, Ramat Gan, Tel. 03 6 12 09 24, www.
bmeia.gv.at/en/austrian-embassy-tel-aviv

Schweizer Botschaft
■ HaYarkon St 228, Tel Aviv, Tel. 03 5 46
44 55, www.eda.admin.ch/telaviv

Feiertage

Schabbat
Der Schabbat ist der wöchentliche Ruhetag, er beginnt freitags bei Sonnenuntergang und endet am Samstagabend. Gläubige Juden dürfen weder arbeiten noch Autofahren oder Musik hören, öffentliche Verkehrsmittel ruhen. Es wird gemeinsam mit der Familie gegessen und die Synagoge besucht.

Purim
Im Februar wird die Rettung der Juden vor einer teuflischen Verschwörung gefeiert, die im Buch Esther beschrieben wird. Dafür verkleidet man sich wie anderswo zu Karneval und tanzt das ganze Wochenende hindurch.

Rosch Haschana
Das jüdische Neujahr wird mit einer festlichen Mahlzeit und einem Tag im Gebet im September gefeiert.

Yom Kippur
Am jüdische Versöhnungstag steht das Leben komplett still in Israel. Es wird gefastet, und die Straßen sind teils menschenleer. In Tel Aviv ist es Tradition, auf den leer gefegten Autobahnen spazieren zu gehen. Alle Geschäfte sind ausnahmslos geschlossen.

Sukkot
Im Herbst gedenken die Juden ihrer 40-jährigen Wanderung durch die Wüste und bauen dafür Laubhütten, in denen eine Woche lang jede Mahlzeit eingenommen wird.

Chanukka
Beim achttägigen Lichterfest im Dezember erinnert man sich an den Aufstand der Makkabäer und die Wiedereinweihung des zweiten Tempels. Auch bekannt als Fest der Lichter, wird jeden Tag eine neue Kerze der Menora angezündet, und man isst vorwiegend in Öl gebackene Lebensmittel.

Pessach
An Pessach gedenkt man im April dem Auszug aus Ägypten und der Befreiung von der Sklaverei. Da die Israeliten bei ihrer Flucht keine Zeit hatten, den Teig des Brotes gehen zu lassen, wird während der ganzen Woche in diesem Gedenken weder Brot verkauft noch verzehrt. Lediglich ungesäuerte Mazzen liegen im Supermarktregal.

Yom HaShoah

Am Holocaust-Gedenktag heulen landesweitfür um zehn Uhr für zwei Minuten die Sirenen. Dann kommt das Leben in ganz Israel zum Stillstand, und jeder macht mit. Sogar Fahrer auf der Autobahn halten ihren Wagen an, steigen aus und gedenken der Opfer.

Yom HaZikaron

An diesem Tag wird den gefallenen israelischen Soldaten und zivilen Opfern des Terrorismus gedacht. Für 24 Stunden sind alle Theater, Kinos, Bars und Restaurants geschlossen. Auch hier ruft eine Sirene zum Gedenken auf.

Yom HaAtzmaut

Am israelischen Unabhängigkeitstag werden Straßenfeste und Grillabende veranstaltet, das ganze Land ist auf den Beinen. In den Palästinensischen Gebieten gilt dieses Datum als sogenannte Nakba – der Tag der Katastrophe –, Proteste sind an der Tagesordnung.

 ## Geld und Währung

Wechselkurse
(Stand: 12/2019)

1 €/1 CHF	3,83 NIS/3,50 NIS
10 €/10 CHF	38,32 NIS/34,97 NIS
100 €/100 CHF	383,16 NIS/349,71 NIS
1 NIS	0,26 €/0,28 CHF
10 NIS	2,60 €/2,85 CHF
100 NIS	26,99 €/28,46 CHF

Die Landeswährung ist der **Neue Israelische Schekel** (NIS). Kreditkarten werden als Zahlungsmittel fast überall akzeptiert. Bargeld kann sowohl an allen Banken abgehoben als auch vielerorts – vor allem in Tel Aviv – umgetauscht

werden. Sollten Sie am Flughafen Ben-Gurion anreisen, nutzen Sie am besten den Bankautomaten am Flughafen – vermeiden Sie jedoch den Geldwechsel am Schalter des Flughafens, da dort hohe Gebühren anfallen.

Kosten im Urlaub
(durchschnittliches Preisniveau)

Tasse Kaffee	12 NIS/3 €
Softdrink (Limonade)	14 NIS/3,50 €
Glas Bier (0,4 l)	25 NIS/6 €
Glas Wein (0,2 l)	34 NIS/9 €
Hauptgericht (Restaurant)	60 NIS/15 €
Eintritt staatl. Museum	25 NIS/6 €
Mietwagen/Tag	150 NIS/40 €

 ## Gesundheit

In Israel fallen keine gesonderten **Reiseimpfungen** an. Überprüfen Sie jedoch den Impfschutz gegen Masern, Hepatitis A und B sowie Tollwut. Für einen Langzeitaufenthalt in den Palästinensischen Gebieten wird zudem eine Typhusimpfung empfohlen. Bei Einreise aus einem Gelbfiebergebiet ist eine entsprechende Impfung beim Betreten des Landes nachzuweisen.

Auch wenn **Trinkwasser** in den meisten Orten Israels unbedenklich ist, verwenden Sie zur Sicherheit ausschließlich Wasser aus Flaschen. Das ärztliche Versorgungsniveau in Israel ist sehr gut, in den Palästinensischen Gebieten ist es deutlich eingeschränkt.

Eine **Auslandskrankenversicherung** mit Rückholoption ist empfehlenswert. Eine Arztbehandlung kann privat mit der Kreditkarte bezahlt werden. In Israel gibt es eine Praxis, die speziell auf Touristen ausgerichtet ist: Tel Aviv

Doctor (Basel St 46, Tel. 018 00 20 19 99, www.telaviv-doctor.com).

Haustiere

Eine Einreise mit Haustieren ist nur am Flughafen Ben-Gurion oder an den Häfen von Haifa und Eilat möglich. Man benötigt ein amtliches **Gesundheitszeugnis**, das nicht älter als zehn Tage ist, und die Tiere müssen mit einem **Mikrochip** nach ISO-Standard ausgestattet sein. Hunde und Katzen müssen mindestens vier Monate alt sein und gegen Tollwut geimpft worden sein. Informationen über die Einfuhr von Heimtieren bietet das israelische Ministry of Agriculture & Rural Development (www.moag.gov.il/en).

Information

Für eine Vorbereitung auf den Urlaub bieten sich neben einer Konsultation der Webseite des Auswärtigen Amtes oder der israelischen Botschaft ebenso zwei **Onlineportale** an, die einen exzellenten Überblick über Land und Leute sowie Touren bieten. Unter https://info.goisrael.com/en und www.touristisrael.com finden Sie neben praktischen Hinweisen auch originelle Tipps und Tricks für Ihren Aufenthalt in Israel.

Klima und beste Reisezeit

Der größte Klimaunterschied in Israel besteht zwischen der trockenen Negev-Wüste, dem mediterranen Klima der Küste und dem Norden, der von heißen Sommern und regnerischen Wintern geprägt ist. Die **Regenzeit** erstreckt sich von Oktober bis Anfang Mai mit den meisten Niederschlägen von Dezember bis Februar.

Klimatabelle Tel Aviv

Monat	Luft (°C) min/max	Wasser °C	Sonne (h/Tag)	Regentage
Jan.	10/18	19	6	13
Feb.	10/18	17	7	10
März	12/19	18	7	9
April	14/23	18	9	3
Mai	17/25	21	11	1
Juni	21/28	25	12	0
Juli	23/29	27	12	0
Aug.	23/30	28	12	0
Sept.	23/29	28	10	0
Okt.	19/27	26	9	3
Nov.	15/23	23	8	8
Dez.	11/19	20	6	11

Medien

Israel hat mit seiner bedeutenden IT-Branche eine der am besten vernetzten Bevölkerungen weltweit. Rund 6,7 Mio. Menschen hatten Ende 2017 Zugang zum Internet, das sind rund 80 % der Bevölkerung. Die Printbranche befindet sich dagegen eher auf dem Rückzug, und Online-Medien nehmen einen immer größeren Marktanteil ein. »Ynet« ist die beliebteste News-Plattform und gehört zur größten Tageszeitung, der in Tel Aviv erscheinenden »Yedioth Ahronot«. »Haaretz« gilt als Flaggschiff der linksliberalen Leserschaft, »Jerusalem Post« spricht eine bürgerlich-konservative Mitte an, und »Israel Hayom« ist ein Netanyahu-freundliches Gratisblatt.

Notfall

Israel hat drei Notrufnummern: 100 für die Polizei, 101 für den Krankenwagen und 102 für die Feuerwehr.

Festivals und Events

Februar
Red Sea Jazz Festival (Eilat) Vor der herrlichen Kulisse des Roten Meeres empfängt Eilat eine Woche lang Jazzmusiker aus der ganzen Welt. www.redseajazz.co.il

Mai
Weiße Nacht (Tel Aviv) Bei der sogenannten »Laila Lavan« wird die ganze Nacht über Musik in der Stadt gespielt. Die Hauptkonzerte finden auf dem Bialik Square, im Shuk Ha-Carmel, dem Rothschild Boulevard und Kikar Rabin statt.

Midburn Inspiriert vom legendären Festival »Burning Man« in den USA, bauen Teilnehmer des Midburn-Events eine utopische Stadt mitten in der Wüste und feiern dort eine Woche lang. www.midburn.org

Juni
Arabische Kulturtage (Haifa) Im Juni findet das wichtigste Festival für Kunst, Musik und Kultur Palästinas statt. Kunstausstellungen und die Arab Book Fair gibt es in der Beit Ha-Gefen Gallery. www.beit-hagefen.com

Juli
Jerusalem Filmfestival Das Filmfestival ist für Filmliebhaber ein Muss und der größte Filmevent des Landes mit vielen internationalen Gästen. www.jff.org.il

August
Klezmer Festival (Tzfat) Während des dreitägigen Open-Air-Festivals feiert die Stadt Tzfat im Norden die traditionelle jüdische Klezmermusik mit Konzerten in der Altstadt und im Künstlerviertel.

Oktober
InDNegev Festival Drei Tage lang halten sich alle aufstrebenden Indie-Bands des Landes in der Wüste auf und bespielen sechs große und kleine Bühnen. Das Musikfestival ist eines der größten seiner Art im Land und definitiv ein Muss für Kenner der Szene. www.indnegev.co.il

Sukkot Während der jüdischen Version des Erntedankfestes, dessen Wurzeln in der Erzählung des jüdischen Exodus und der 40-jährigen Wüstenwanderung zu finden sind, werden Zelte (»sukka«) errichtet und dort die Mahlzeiten eingenommen.

Christen aus aller Welt feiern Weihnachten in Bethlehems Geburtskirche

Dezember
Weihnachten in Bethlehem An Weihnachten finden im Geburtsort Jesu zahlreiche Prozessionen, Lichterfeste und Messen in der Geburtskirche statt, während ein riesiger Weihnachtsbaum den zentralen Platz der Stadt beherrscht.

Öffnungszeiten

Geschäfte in Israel haben in der Regel von Sonntag bis Donnerstag geöffnet. Samstag (Schabbat) ist Ruhetag, und Freitags schließen die Läden, Restaurants und Museen meist um die Mittagszeit. Die Öffnungszeiten in arabischen Ortschaften können abweichen, sodass man hier auch samstags etwas zu essen finden kann.

Post

Die israelische Post ist nicht so zuverlässig, wie man es sich wünscht. Briefe erreichen ihre Empfänger häufig erst nach zwei bis drei Wochen oder im schlimmsten Fall überhaupt nicht. Für den Express-Service stehen DHL (www. dhl.co.il) und UPS (www.ups.com) zur Verfügung. **Postkarten** nach Europa kosten ebenso wie **Briefe** 7,40 NIS. Briefmarken gibt es am Kiosk, in Hotels und **Postämtern**. Diese erkennt man an den roten Schildern mit weißem Hirsch. Die größeren Postämter haben Sonntag bis Donnerstag durchgehend von 8–18 Uhr geöffnet, freitags nur bis 13 Uhr. Weitere Informationen findet man unter www.israelpost.co.il.

Sicherheit

Insbesondere auf dem **Tempelberg** sowie in dessen Umgebung kann es zu Spannungen kommen. An muslimischen und jüdischen Feiertagen ist besondere Aufmerksamkeit angebracht. Seien Sie vor allem bei Besuchen der Altstadt von **Jerusalem** und Ostjerusalem vorsichtig und halten Sie sich über die aktuelle Lage informiert. Das Gleiche gilt für das **Westjordanland** und im speziellen die Stadt Hebron. Vor Reisen

in den Norden der Sinai-Halbinsel und in das ägyptisch-israelische Grenzgebiet (mit Ausnahme von Taba) wird gewarnt. Es besteht weiterhin ein erhöhtes Risiko terroristischer Anschläge.

Die **Kriminalitätsrate** ist in Israel dagegen äußerst niedrig. Kleinkriminalität wie Taschendiebstähle kommt aber insbesondere an touristisch frequentierten Orten wie Flughäfen, Bahnhöfen, Märkten und Stränden vor.

In den heißen Sommermonaten ist vor allem im Wald Vorsicht geboten, hier besteht die Gefahr von **Busch-** und **Waldbränden**. Im Winter kann es hingegen in der Wüste zu Überschwemmungen kommen. Am Toten Meer gibt es inzwischen Tausende von sogenannten Sinklöchern, die innerhalb von Sekunden entstehen und Erdrutsche in bis zu 20 bis 80 m Tiefe hervorrufen. Verlassen Sie daher am Toten Meer nicht die befestigten Wege.

Souvenirs

Olivenöl finden Sie vor allem im Norden in der Galiläa-Region. Weingüter gibt es ganz Israel, sogar in der Negev-Wüste. Ein wunderbares Mitbringsel ist auch die typische **Sesampaste** (Tahini) oder das daraus gewonnene Dessert Halva, das gerne mit Pistazien oder Kaffeebohnen versetzt wird und sehr lange haltbar ist. Ein geeignetes Souvenir sind auch Datteln und getrocknete Feigen sowie **Gewürze** wie Kurkuma, Kardamom oder die Zatar-Gewürzmischung. Kosmetika aus den Nährstoffen des **Toten Meeres** verbessern bekanntermaßen das Hautbild – es muss jedoch angemerkt werden, dass die Hersteller dieser Produkte nicht selten einen negativen Einfluss auf die natürliche Landschaft des Toten Meeres haben.

Sport

Die beliebtesten Sportarten sind Fußball und Basketball, und das Basketballteam Maccabi Tel Aviv hat schon zweimal die Europameisterschaft gewonnen. In Ramat HaSharon bei Tel Aviv gibt es ein großes Tenniszentrum und in Caesarea einen Golfplatz. Im Winter kann man an den Hängen des **Mount Hermon** skilaufen, und in den Küstenregionen geht man segeln, wellenreiten und kitesurfen. An der Tel Aviv Marina und in Herzliya kann man Jachten wie auch Segelboote mieten. Im Golf von Eilat können Sie schnorcheln und tiefseetauchen, die **Wüste Negev** lädt zum Wandern ein. Beliebte Wege sind der Jesus Trail (www.jesustrail.com) und der Israel National Trail (www.israeltrail.net). Alle Routen in den Nationalparks sind online einsehbar (www.parks.org.il). Auch Yoga (www.isyoga.co.il) und Langlauf sind beliebt, der Jerusalem Marathon ist dabei mit Abstand der größte Event (www.jerusalem-marathon.com). Der **Israel National Bike Trail** führt vom Hermon im Norden bis nach Eilat im Süden (www.ibt.org.il). Schlussendlich hat sich Krav Maga, der Selbstverteidigungssport der israelischen Streitkräfte, als regulärer Sport für jedermann etabliert. Schnupperkurse und eine Übersicht finden Sie unter www.kravmagaisrael.com.

 Strom und Steckdose

In Israel werden die Steckdosen vom Typ C und H verwendet. Die Netzspannung beträgt 230 V bei einer Frequenz von 50 Hz. Wer auf Nummer sicher gehen will, nimmt einen Adapter mit – nicht überall sind die israelischen Steckdosen einheitlich.

 Telefon und Internet

Die internationale Vorwahl für Israel ist +972. Sollten Sie für Ihren Aufenthalt eine lokale **SIM-Karte** erwerben wollen, bieten sich die Firmen Orange und Cellcom an. Es gibt sogar die Möglichkeit, die SIM-Karte unter www.prepaidisraelisim.com vorzubestellen.

Internationale Vorwahlen:

- Israel 00972
- Palästina 00970
- Deutschland 0049
- Österreich 0043
- Schweiz 0041

Im ganzen Land gibt es zahlreiche Hotspots, und fast jedes Café bietet kostenloses **WLAN**. In Tel Aviv und Haifa gibt es Gratis-City-WLAN, das sogar am Strand funktioniert. WLAN ist zudem auch in manchen Zügen und Überlandbussen verfügbar.

 Trinkgeld

Das Trinkgeld, das in Israels Restaurants und Cafés gegeben wird, liegt weitaus höher als in Deutschland. Zwischen 10 und 15 % werden erwartet, 12 % sind der Durchschnitt. Israelische Kellner erhalten einen sehr geringen Lohn, der über das Trinkgeld ausgeglichen wird.

 Umgangsformen

Bedecken Sie Schultern, Arme und Knie bei Besuchen von religiösen Orten, der Jerusalemer Altstadt, orthodoxen Vierteln und den Palästinensischen Gebieten. Verzichten Sie an öffentlichen Stränden grundsätzlich auf FKK. An **Schabbat** sollten Sie sich ruhig verhalten und gerade an öffent-

Skifahren in Israel? Das Mount Hermon Skiresort liegt auf einer Höhe von 1600 bis 2040 m

lichen Orten nicht laut Musik spielen, hupen oder Lärm machen.

Homosexualität ist in den Palästinensischen Gebieten weiterhin ein soziales und religiöses Tabu, und homosexuelle Handlungen von Männern sind strafbar. Israel verfügt hingegen über eine große und facettenreiche LGBT-Szene, die sich insbesondere auf Tel Aviv konzentriert und ihren Höhepunkt in der jährlichen Gay Pride Parade findet.

Unterkunft und Hotels

In Israel gibt es eine große Bandbreite an Unterkünften: Von der Jugendherbergen (www.iyha.org.il) über Boutique-Hotels, Gäste- und Pilgerhäuser bis hin zu großen Hotelketten dürfte für jeden Urlauber etwas dabei sein. **Kibbutzim** (www.kibbutz.org.il) eignen sich für Familienurlaube, ökologisch

bewusste Reisende finden sogenannte Field Schools. Reguläre **Hotels** sind in Israel sehr teuer – die Einstiegspreise liegen schon mal bei 150 € für ein Doppelzimmer. Bei Hostels kommt ein Bett im Schlafsaal auf rund 12 €. Ein Jugendherbergsausweis ist erforderlich. Viele Israelis vermieten private Apartments – sogenannte **Zimmerim**, die sich besonders an Paare richten, die eine romantische Auszeit suchen (www.zimmeril.com). Eine allgemeine Übersicht zu den verschiedenen Übernachtungsmöglichkeiten finden Sie u. a. unter: www.israelhotels.org.

Verkehrsmittel im Land

ÖPNV

Am **Schabbat** fahren keine öffentlichen Verkehrsmittel. Fahrten in ultra-orthodoxe Viertel sollten außerdem am Schabbat vermieden werden, und am Feiertag Yom Kippur wird empfohlen, auf Fahrten gänzlich zu verzichten.

Bus

Busse sind das beliebteste Verkehrsmittel in Israel. Betrieben von den Firmen **Egged** (www.egged.co.il) und **Dan** (www.dan.co.il), fährt man sowohl in der Stadt als auch über Land vor allem mit dem Bus. Es gibt reguläre Busse (Measef), Expressbusse (express) sowie Direktbusse (Yashir), wobei Letztere mit Abstand am schnellsten sind. Mittlerweile erfolgt die Zahlung elektronisch mit der sogenannten **Rav-Kav-Karte**. Die Smartcard gilt ebenso für den Zug und wird online auf der Website, in der App, an der Kasse oder an den Geldautomaten aufgeladen. Sie erhalten die Karte an den großen Bahnstationen (www.rail.co.il/en/ravkav).

Bahn

Die Züge der **Israel Railways** (www.rail.co.il) sind alle klimatisiert, viele haben Steckdosen und teils sogar WLAN. Es gibt vier Bahnhöfe in Tel Aviv und eine Hauptstrecke entlang der Küste. Zudem fahren Züge nach Beer Sheva, Aschkelon, Ben-Gurion und Jerusalem. Seit Eröffnung der neuen Expresslinie nach Jerusalem ist eine Zugfahrt von Tel Aviv nach Jerusalem genauso komfortabel wie eine Busfahrt. Umgestiegen wird am Ben-Gurion-Flughafen.

Taxi

Taxis sind in Israel für europäische Verhältnisse günstig und weit verbreitet. Wer sich den Aufwand ersparen will, einen Fahrer am Straßenrand heranzuwinken, kann mit dem Smartphone ein Taxi mit der App **Gett** (www.gett.com) vorbestellen und bargeldlos bezahlen.

Inlandsflüge

Interne Flüge verkehren von Eilat nach Tel Aviv und Haifa und werden von den Fluggesellschaften **Arkia** (www.arkia.co.il), **Israir** (www.israir.co.il) und **El Al** (www.elal.com) durchgeführt. Da der Inlandsflughafen Sde Dov bei Tel Aviv jedoch geschlossen wurde, bieten sie nicht mehr so günstige Preise wie noch vor ein paar Jahren.

Shuttle

Gerade am **Schabbat** kann ein Shuttle von großem Vorteil sein. Es verkehrt sieben Tage die Woche und rund um die Uhr zwischen dem Flughafen Ben-Gurion und Tel Aviv und kann im Voraus unter https://touristisrael.jetalimo.com gebucht werden. Die Kosten pro Fahrt betragen rund 20 €.

Sammeltaxi

Monit Sheruts sind Minibusse mit neun oder zehn Sitzen, die sowohl zwischen Städten als auch innerhalb von Städten verkehren und insbesondere am weitgehend autofreien Schabbat ein beliebtes Transportmittel sind. Intercity-Sheruts nimmt man von einem festen Startpunkt (meist am zentralen Busbahnhof der großen Städte). Sheruts in der Stadt kann man einfach am Straßenrand heranwinken und verlassen, wo man möchte.

Mietwagen

In **Tel Aviv** befinden sich Mietwagenfirmen direkt am Flughafen oder auf der Hayarkon-Straße hinter dem Strand. Aus Versicherungsgründen dürfen sie nicht in den Palästinensischen Gebieten gefahren werden. Ausgenommen sind die Straße 1 von Jerusalem zum Toten Meer und die Straße 90 im Jordantal. Wer die Palästinensischen Gebiete mit dem Mietwagen besuchen möchten findet zwei Autovermietungen in **Ostjerusalem**. Der deutsche Führerschein ist in Israel ausreichend.

Carsharing

Zwischen 2001 und 2016 hat sich die Anzahl der Fahrzeuge auf Israels Straßen verdoppelt. Mehrere Firmen versuchen, diesem Problem mit Carsharing beizukommen. Laden Sie die App **Car2Go** oder **AutoTel** herunter, wählen Sie den gewünschten Autotyp und parken Sie auf einem der ausgewiesenen Parkplätze. Die Mitgliedsgebühr bei AutoTel kostet pro Monat 10 NIS; für jede Minute werden 1,7 NIS abgerechnet. Car2Go ist mit 50 NIS pro Monat ein wenig teurer, vermietet aber pro Stunde für 17 NIS (www.autotel. co.il/en, www.car2go.co.il/en).

Fahrrad

In **Jerusalem** vermietet Bike Jerusalem (www.bikejerusalem.com) verlässliche Drahtesel vom Rennrad bis zum Mountainbike. Bei Rent a Bike Israel (www. rent-a-bike-israel.com) gibt es neben Leihrädern auch Tourangebote in der Natur. Die grünen City Bikes in **Tel Aviv** werden von der Firma Tel-o-Fun (www. tel-o-fun.co.il) bereitgestellt. Es gibt rund 200 Stationen in der ganzen Stadt und 2000 Fahrräder. Das Fahrrad kann an einem beliebigen Ort abgeholt und an einem anderen abgegeben werden. Bezahlt wird mit Kreditkarte.

E-Scooter

Als in Deutschland gerade die Diskussion angeschoben wurde, hatten Elektroroller die Straßen Israels schon vollends erobert. Mittlerweile stehen in Tel Aviv rund 7500 leihbare Elektroroller zur Verfügung. Fahrradwege sind eher selten, und Verkehrsregeln werden oft missachtet. Leihroller gibt es von den Firmen **Bird** (www.bird.co) und **Lime** (www.li.me). Um die Scooter zu nutzen, lädt man die App herunter, reserviert einen Scooter in der Nähe, entsperrt ihn mit der App und verriegelt ihn wieder, wo auch immer man will. Roller müssen auf Radwegen fahren.

Zeitverschiebung

Die Zeit in Israel liegt eine Stunde vor der Zeit in Deutschland (MEZ +1). Um 12 Uhr mittags in Deutschland ist es entsprechend bereits 13 Uhr in Israel. Die Sommerzeit wechselt nicht mit der europäischen Umstellung, sondern folgt dem jüdischen Kalender.

Zollbestimmungen

Die Ein- oder Ausfuhr von Geldmitteln, die 80 000 NIS übersteigen, müssen angemeldet werden. Besondere Vorschriften gelten für die Einfuhr von Geldmitteln in die Palästinensischen Gebiete. Ein zu touristischen Zwecken eingeführtes Fahrzeug muss zwingend wieder ausgeführt werden. Geschenke dürfen bis zu einem Wert von 200 US-$ eingeführt werden, außerdem 200 Zigaretten, 1 l Spirituosen und zehn Filme. Fleisch, Früchte und Pflanzen sind grundsätzlich nicht gestattet. Ausführen dürfen Sie 200 Zigaretten, 1 l Spirituosen und Geschenkartikel in einem Gesamtwert von 430 €. Auf Produkte wird in Israel eine Mehrwertsteuer von 17 % erhoben. Diese können Sie sich als Tourist am Flughafen am Schalter der Bank Leumi rückerstatten lassen, wenn der Warenwert 50 US-$ übersteigt. Weitere Infos unter (www.zoll.de, www. bmf.gv.at/zoll und www.zoll.ch)

Die Geschichte Israels und Palästinas

1000 v. Chr. Jerusalem wird Hauptstadt von Davids Königreich. Um 960 Bau des ersten Tempels und Teilung des jüdischen Reiches in Juda und Israel.

586 v. Chr. Zerstörung des Reiches sowie des Tempels durch die Perser. Beginn des babylonischen Exils und der sogenannten jüdischen Diaspora.

538 v. Chr. Wiederaufbau des Tempels, Rückkehr der Juden nach Israel

63 v. Chr. Römische Herrschaft.

70 n. Chr. Erneute Zerstörung des Tempels und Jerusalems im Jüdischen Krieg durch die römischen Truppen.

636–1099 Arabische Herrschaft; 691 wird der Felsendom am Ort des ehemaligen jüdischen Tempels erbaut.

1517–1917 Osmanische Herrschaft.

1897 Theodor Herzl beruft den ersten Zionistenkongress in Basel ein. Eine erste Immigrationswelle erreicht Israel aus Russland und Europa.

1909 Gründung von Tel Aviv, der ersten modernen jüdischen Stadt.

1917 Großbritannien erobert Palästina von den Osmanen und unterstützt die Bewegung für eine »nationale Heimat für das jüdische Volk« in Palästina.

1940er-Jahre Der Holocaust führt zu einer Massenemigration nach Palästina. Jüdische bewaffnete Gruppen kämpfen gegen die britische Besatzung.

1948 Israel erklärt seine Unabhängigkeit, das britische Mandat endet.

1949 Erster arabisch-israelischer Krieg: Jordanien annektiert das Westjordanland und Ostjerusalem, Ägypten besetzt Gaza. Rund 750 000 palästinensische Araber befinden sich auf der Flucht.

1967 Sechstagekrieg zwischen Israel und Ägypten, Jordanien und Syrien: Israel gewinnt die Kontrolle über Ostjerusalem, das Westjordanland, Gaza, die Golanhöhen und den Sinai.

1973 Yom-Kippur-Krieg: Die arabische Koalition startet einen Überraschungsangriff auf israelische Positionen am jüdischen Feiertag Yom Kippur.

1990 Jitzchak Rabin und Jassir Arafat verhandeln die Oslo-Verträge, die einen Rückzug Israels sowie die Selbstverwaltung der Palästinenser vorsehen. Doch schon im Jahr später verliert Rabin bei einem Attentat das Leben.

2000er-Jahre Mit dem Tod Arafats 2004 gewinnt die Hamas im Gazastreifen die Oberhand und lehnt eine Anerkennung Israels ab. In den Jahren 2008, 2012 und 2014 kommt es zu israelischen Angriffen auf den Gazastreifen.

2018 Das Parlament verabschiedet das Nationalgesetz, das Israel zum Nationalstaat für das jüdische Volk erklärt, Hebräisch wird alleinige Amtssprache.

2019 US-Präsident Trump erkennt Jerusalem als Hauptstadt Israels an.

Britisches Militär beim Aufruhr der arabischen Bevölkerung gegen die jüdische Einwanderung 1920 in Jerusalem

Hebräisch für die Reise

Das Wichtigste in Kürze

Ja/Nein	*Ken/Lo*
Bitte/Danke	*Bewakascha/Toda*
Hallo!/Auf Wiedersehen!	*Schalom!*
Guten Morgen!/Guten Tag!	*Boker tov!/Schalom!*
Guten Abend!/Gute Nacht!	*Erev tov!/Lajla tov!*
Mein Name ist ...	*Schmi ...*
Wie viel kostet ...?	*Kam auleh?*
gestern/heute/morgen	*etmol/hajom/maxar*
Wie viel Uhr ist es?	*Ma haschaa?*
Bitte, wo ist ...?	*Slixa, ejfo ...?*
Wie weit ist ...?	*Ma ha-merxakl ...?*
Ist das der Weg/die Straße nach...?	*Zu ha-derex le .../Ze ha-kwisch le ... ?*
Nord/Süd/West/Ost	*tsafon/darom/maarav/mizrax*
Geradeaus/links/rechts/zurück	*jaschar/smol/jamin/xazara*
Restaurant	*Missada*
Ich möchte ...	*Ani rotse (m.) /rotsa (f.)*
Die Rechnung, bitte!	*Xeschbon, bewakascha!*
Entschuldigung!	*Slixa!*
Hilfe!	*Hatsilu!*
Achtung!/Vorsicht!	*Simu lew!/Zehirut!*
Auto	*Mechonit*
Ich habe eine Panne.	*Jesch li teker.*
Wo ist die nächste Tankstelle?	*Ejfo taxanat ha-delek ha-krowa bejoter?*
Benzin/Super/Diesel/bleifrei	*benzin/super/dizel/netul oferet*
Bahnhof	*Taxanat-ha-rakewet*
Flughafen	*Nemal teufa*
Busbahnhof	*Ha-taxana ha-merkazit*
Toilette	*Schirutim*
Bank/Geldautomat	*Kaspomat*
Apotheke	*Bejt mirkaxat*
Arzt	*Rofe*
Polizei	*Mischtara*
Haben Sie Briefmarken?	*Jesch lexa (m.)/lax (f.) bulim?*
Ich verstehe nicht ...	*Ani lo mevin (m.)/mevina (f.) ...*

Wochentage

Montag/Dienstag	*jom scheni/jom schlischi*
Mittwoch	*Jom rewii*
Donnerstag	*jom xomischi*
Freitag/Samstag	*jom schischi/schobat*
Sonntag	*jom rischon*

Monate

Januar/Februar	*Januar/Februar*
März/April	*Merts/April*
Mai/Juni	*Mai/Juni*
Juli/August	*Juli/Ogust*
September/Oktober	*September/Oktober*
November	*November*
Dezember	*Detsember*

Zahlen

1	*axat*	8	*schmone*
2	*schtaiim*	9	*tescha*
3	*schalosch*	10	*eser*
4	*arba*	11	*axat-esre*
5	*xamesch*	12	*schtem-esre*
6	*schesch*	100	*mea*
7	*scheva*	1000	*elef*

Hinweise zur Aussprache

s	›ss‹ wie in messen
ts	›z‹ wie in Zoo
v, w	›w‹ wie in David
x	›ch‹ wie in doch
z	›s‹ wie in sehen

Betonungszeichen (steht vor der betonten Silbe, in mehrsilbigen Worten ohne Betonungszeichen wird die letzte Silbe betont)

Alle Blickpunkt-Themen in diesem Band:

Register

Register

Bildnachweis

Titel: Jerusalems Altstadt mit dem Felsendom
Foto: **AWL Images** (Jane Sweeney)
Rücktitel: links: **Shutterstock.com** (Perekotypole), rechts: **seasons.agency** (Jalag/Walter Schmitz)

akg-images: 136 – **AWL Images:** Jason Langley 2, 14/15, 27, 71.1, 73, 81, 11C; Gavin Hellier 18/19 – **Bildagentur Huber:** Szyszka 57 – **Fattoush Bar:** 13.3 – **Fotolia:** vesta48 30/31 – **Getty Images:** Anadolu Agency 86; Corbis Documentary/Pascal Deloche 90 – **Huber Images:** Massimo Borchi 34 – **imago images:** Danita Delimont 61; ZUMA Press 77; Schöning Klappe unten – **Jahreszeiten Verlag:** Gerald Hänel/GARP 6.2; Walter Schmitz 12.1; Naftali Hilger 58; Walter Schmitz 96 – **laif:** Eric Martin/Le Figaro Magazine 69; Hilger 95 – **mauritius images:** 8/9; Michael Jacobs/Alamy 10.1; Curly Courland/Alamy 11.3; Cavan Images 12.3; Gavin Hellier/Alamy 23; Ernst Wrba 33; Eddie Gerald/Alamy 44; robertharding/Yadid Levy 74; Hanan Isachar/Alamy 82; dbimages/Alamy 85; Yevgeni Kacnelson/Alamy 100; Albert Bastius/Alamy 105; Noam Dinar/Alamy 144.1 – **picture alliance:** landov 51.2; zb 144.2 – **seasons.agency:** Walter Schmitz 12.2; Walter Schmitz 24; Nafali Hilger 130 – **Shutterstock.com:** Kobby Dagan 2.2; trabantos 5.1; VanderWolf Images 9; Nika Lerman 10.2; aləfbet 11.1; Perekotypole 11.2; Hrecheniuk Oleksii 13.2; Peter Popov Cpp 29; len4ik 37; dnaveh 39; Leonid Andronov 40/41; RnDmS 42; Protasov AN 47; Cezary Wojtkowski 62; Fadi Sultaneh 65; vvvita 66/67; Denis Kabanov 78; Bill Perry 83; tenkl 89.1; Mazur Travel 89.2; vvvita 92/93; FromMyEyes 99; Dmitry Demkin 103; JekLi 107.1; Oleg Znamenskiy 109; trabantos 115; trabantos 116; Cezary Wojtkowski 119; maratr 133 – **stock.adobe.com:** Cezary Wojtkowski 51.1; lucky-photo 52/53

Impressum

Herausgeber: GRÄFE UND UNZER VERLAG GmbH, Postfach 86 03 66, 81630 München
Leitender Redakteur: Benjamin Happel
Autorin: Franziska Knupper
Verlagsredaktion: Nadia Terbrack (verantw.), Gernot Schnedlitz, Silke Tauscher
Lektorat und Satz: Ewald Tange, tangemedia, München
Bildredaktion: Dr. Nafsika Mylona
Schlusskorrektur: Ulla Thomsen
Reihengestaltung: Independent Medien Design, Horst Moser, München; Eva Stadler, München
Kartografie: Huber Kartographie GmbH, www.kartographie.de; Kunth Verlag GmbH & Co. KG, München
Herstellung: Mendy Willerich
Druck + Bindung: Drukarnia Dimograf Sp z o.o. (Polen)

Ansprechpartner für den Anzeigenverkauf: KV Kommunalverlag GmbH & Co. KG, MediaCenter München, Tel. 089/928 09 60

Bei Interesse an maßgeschneiderten B2B-Produkten: roswitha.riedel@graefe-und-unzer.de

Ein Unternehmen der
GANSKE VERLAGSGRUPPE

ISBN 978-3-95689-498-5
1. Auflage 2020

© 2020 Gräfe und Unzer Verlag GmbH, München
ADAC Reiseführer Markenlizenz der ADAC Medien und Reise GmbH, München

Leserservice
adac@graefe-und-unzer.de
Tel. 00800/72 37 33 33 (gebührenfrei in D, A, CH)
Mo–Do: 9–17 Uhr, Fr: 9–16 Uhr